THE
NATIONAL ART INSTITUTE
TEACHING ACHIEVEMENT
COMPARISON AND RESEARCH
Art Design 1

全国艺术院校教学成果比较与研修

刘 钢 等 主编

辽宁美术出版社

图书在版编目（ＣＩＰ）数据

全国艺术院校教学成果比较与研修．美术设计篇．1 /
刘钢等主编． —— 沈阳：辽宁美术出版社，2015.9
　　ISBN 978-7-5314-6983-4

　　Ⅰ．①全… Ⅱ．①刘… Ⅲ．①美术-设计-教学研究-
高等学校 Ⅳ．①J-4

中国版本图书馆CIP数据核字（2015）第213365号

出 版 者：辽宁美术出版社

地　　址：沈阳市和平区民族北街29号　邮编：110001

发 行 者：辽宁美术出版社

印 刷 者：沈阳富民印刷有限公司

开　　本：889mm×1194mm　1/12

印　　张：20

字　　数：245千字

出版时间：2016年1月第1版

印刷时间：2016年1月第1次印刷

责任编辑：童迎强

装帧设计：范文南　童迎强

责任校对：李　昂

ISBN 978-7-5314-6983-4

定　　价：268.00元

邮购部电话：024-83833008

E-mail：lnmscbs@163.com

http://www.lnmscbs.com

图书如有印装质量问题请与出版部联系调换

出版部电话：024-23835227

Contents
总目录

美术教育改革是我国目前创新体系建设中极为重要的组成部分，艺术对于创新体系发展来说具有基础性的作用。国家的发展创新体系需要美术教育培养出更多具有创新意识和创造能力的人才。只有拥有创新能力强的人才，才能拥有繁荣昌盛的经济产业链。

美术学科必须注重成果转化，走教学、科研、开发一体化之路。美术学科作为应用学科要想得到更大的发展，必须与社会发展、与经济生活紧密对接，无论哪种专业，如果得不到实践的检验，都不是完整意义上的教育，学以致用，才是美术教育的终极目的。

教育是一种有目标、有计划的文化传递方式，它所完成的任务有两个方面：一是要传递知识和技能；二是使接受教育者身心状态得以提升，进而使接受教育者在为社会创造财富的同时实现自身价值。

然而，长期以来，我们的美术教育模式一直未能跟上时代发展的步伐，各类高等院校在培养美术人才方面一直未能找到理论与实践、知识与技能、技能与市场、艺术与科技等方面的交汇点，先行一步的大家已经在探索一条新的更为有效的教育方法，在他们对以往的教育模式进行梳理、分析、整合的过程中，我们辽宁美术出版社不失时机地将这些深刻的论述和生动的成果集结成册，推出了一系列具有前沿性、教研性和实践性且体系完备的美术基础教学研究与应用系列丛书。

本丛书最大的特点是理论联系实际，深入浅出地讲解，并集结了大量的中外经典美术作品，可以说，是为立志走美术之路的学子量身定制的专业图书，并通过此套图书给各艺术院校提供了广泛的学术交流平台。

序

The reform of fine arts education is a crucial part of China's ongoing construction of the innovation system for art plays a fundamental role in the development of the innovation system. China's development and innovation system require fine arts education to cultivate more talents who have innovation awareness and creative ability. A prosperous economic industrial chain is premised on highly innovative talents.

Fine art disciplines must pay attention to the integration of teaching, research, and development. As applied disciplines, fine arts disciplines must be closely linked to social development and economic life to get ahead, whichever specialty, if without being tested by practice, does not constitute a complete education. The ultimate goal of fine arts education is helping one use what one has learned.

Education is a purposive and planned way of transmitting cultures, and the tasks it take are two-fold: First, imparting knowledge and skills; second, improving mind and body of the educatees and then helping them actualize their self-value while creating wealth for the society.

However, our model of fine arts education has fallen behind the times for a long time, various institutions of higher learning have not founded the convergence of theory and practice, knowledge and skills, skills and market, art and technology. Whereas pioneer masters have been exploring new and more effective ways of educating. When they are systemizing, analyzing, and integrating previous educational modes, Liaoning Fine Arts Publishing House loses no time to compile their sophisticated discourses and energetic results into books, launching a series of cutting-edge, academic, practical, and perfectly systematic books on teaching research and application for fine arts.

The greatest feature of this series is that it combines theory with practice, explains the profound in simple terms, and includes a number of classic works of art home and abroad. So to speak, they are specialized books tailored for students who aspire to be an artist and they provide a broad academic exchange platform for art academies.

THE NATiONAL

ART INSTITUTE TEACHING ACHIEVEMENT COMPARISON AND RESEARCH

01

泰山学院·美术学院：泰山特色美术·设计作品集

刘　钢　梁泰生　主编

目 录
Contents

泰山美术特色课程创设的思考与实践

美术学院院长　刘　钢

泰山学院位于著名的泰山脚下，具有得天独厚的地理优势。泰山被列入世界文化与自然双遗产名录时，世界遗产委员会评价泰山说："两千年来一直是帝王朝拜的对象，其山中的人文杰作与自然景观完美和谐地融合在一起。泰山一直是中国艺术家和学者的精神源泉，是古代中国文明和信仰的象征。"早在1999年，国学大师季羡林就曾题词说："泰山是中国文化的主要象征之一，欲弘扬中华文化，必先弘扬泰山文化，这是顺理成章的事。"对泰山文化的认识和学习也就是对中华民族传统文化的继承与学习。悠久而丰富的历史文化内涵渗入泰山壮丽雄浑的自然风景中，形成了自然与人文合一的独特的泰山景象。这种美，为泰山学院美术学院学科专业的教学、科研提供了天然的人文与自然环境和便利的条件。

我们坚持学校"服务地方，特色发展"的办学理念，积极为地方美术教育和文化艺术事业的发展服务，人才培养突出艺术的科学性与实用性的密切结合，形成了办学特色。在教学设置上，首先注重基础课程的通识教育和全球化艺术视野下的专业基础教育，同时还注重弘扬泰山文化，利用泰山丰厚的资源优势，把泰山的自然和人文资源转化为学院独特的教学资源。将泰山的自然与人文文化资源纳入到专业教学课程中，创新课程结构，将优秀的泰山文化融入课堂教学与研究环节，突出了美术学院的办学特色，使泰山文化资源成为当代民族精神的现实养料和力量源泉，推动了现代教学改革，适应了时代和地方区域经济文化发展的需要，初步形成了与"通识教育、专业教育和特色教育相结合"的复合应用型人才培养目标相适应的泰山美术特色课程。

一、加强科研课题研究，促进泰山美术特色课程实验

地方高校结合学校传统和地域文化特点，挖掘和利用地域文化中优秀的人文、自然资源，将地域文化引入教学与科研环节，促进地方高校更好地发展。地域文化融入地方高校教学具有现实意义，是当前众多高等院校办出特色的出路之一，也是应用型人才培养的可行之路。我们泰山美术教学特色课程的起步，缘于泰山美术研究课题的成果及其向教学中的转化。

著名学者德里克·博克在《走出象牙塔：现代大学的社会责任》一书中指出：大学的特殊功能在于把研究和教育相结合。我们本着"教学出课题、科研促教学"的原则，处理好教学与科研的关系。确立起学术导向并推出一批研究成果，既能深化对泰山文化资源的利用和保护，又能促进泰山地域文化的教学。在加强科学研究的同时，积极促进科学研究的成果转化，形成"科研为教学服务，教学促进科研"的良性循环。自2005年我们的山东省高校"素描"试点课程成功结题并获山东省优秀教学成果奖之后，美术学院将成功的经验运用到对泰山美术文化的研究上面来，组织、发动教师面向泰山美术文化积极开展学术研究，先后有"泰山风景油画表现及审美价值研究""泰山意向性

油画表现研究""泰山松柏现代图式研究""泰山旅游纪念品设计与开发研究""泰山民间美术研究""泰山书法与刻石研究""岱庙天贶殿壁画研究""泰山人物画创作与研究""泰山山水画写生与创作研究""泰山道教服饰特色研究""泰山丙烯画造型语言及审美图式的研究""泰山造型艺术和实用艺术信息数据库建设与研究""泰山美术遗存研究"等二十余项科研课题在山东省文化厅、教育厅和学校立项，发表泰山相关的美术与设计专项论文约三十篇，创作出参加全国美展、省展等各级美展或获奖的与泰山文化相关的美术作品和设计作品六十余件。在加强科学研究的同时，积极促进科学研究的成果在教学中转化，紧密结合我院教育教学的实际，鼓励各专业任课教师在已有泰山文化研究与探索的基础上，通过弘扬泰山文化，培养具有认知与体验、分析与综合、研究与创新等各种能力的学生。我们以课题研究促教学，形成了具有显著地方特色的泰山美术特色课程的实验教学。

1. 特色课程实验方案设计理念

我校高等教育的办学理念和发展规划是"加强内涵建设，坚持特色发展，全力争创山东省应用型人才培养特色名校"，坚持理论研究与教学改革实践相结合，以区域社会经济文化发展需求为目标，冲破传统的人才培养观念和培养模式的束缚，努力构建应用型人才培养体系。随着学校办学理念的提升，加之教师众多的关于泰山自然与人文科研课题的不断深入研究，要求我们美术

学院必须顺应教育与教学发展趋势，针对大多数学生，以就业为导向，强调服务地方，培养能够适应经济社会发展需要的，具备艺术教育、创作与设计能力和研究分析文化问题素质的应用型和技术型专门人才。同时，对具有艺术潜质的学生，则运用专门的培养方式，搭建有利于其学业发展的教学平台。

在泰山这一地域文化背景下，结合对学生实践与创新能力的培养，我们进行泰山美术特色课程实验，即课题式教学，力求将地域文化特色引入艺术创作、艺术设计课程中，进行艺术设计教

泰山学院党委书记王庆功参观美院展览

泰山学院院长秦梦华参观美院陶艺实验室

学与艺术实践的探讨与实验。从理论探索、研究方法、实践应用、成果推广等不同层面，积极探索创新，努力将课题中产生的最新成果及时运用到教学当中，在教学中反映特色性、前瞻性并进行前导性实践应用。

2．修订和完善人才培养方案

根据学校"服务地方，特色发展"的办学理念，美术学院坚持以科研服务教学为宗旨、以特色课程建设为龙头推进学科专业建设，对美术学院"美术学人才培养方案"和"艺术设计人才培养方案"作了积极的调整，在"专业主干课程"和"专业拓展课程"中加入了具有地方文化特色的"泰山美术与设计文化"特色课程。在"平台＋模块"的人才培养模式当中，以学生为中心，科学与人文相结合，教学与研究相结合，研发了《泰山美术特色课程的教学大纲》，更加突出地结合本地文化资源优势，使美术学院的课程建设独具特色，用地域文化研究促进地域文化教学，充分利用和挖掘深厚的泰山优秀文化和自然景观，将课堂教学与创作实践有机地结合起来，通过对一系列具有突出地方文化特色课程的学习，使学生在专业学习过程中，达到知识、能力、综合素质全面协调发展。

3．泰山美术特色课程教学实验

自2008年起，在美术学和艺术设计两个本科专业，我们开始尝试创设实验泰山美术特色课程。在美术学院"十二五"学科建设规划中，明确提出特色课程的概念，以全球化艺术为研究基

础，以发展泰山文化为依托，充分发挥泰安的地区优势，充分发挥地域性与特色。我们逐步实验开设与泰山美术、与设计相关的专业课程，如泰山油画风景写生与创作、泰山山水画写生与创作、泰山旅游纪念品设计、泰山书法与刻石学习研究等课程。

挖掘和利用泰山地域文化中优秀的人文和自然资源，将其引入教学与科研环节，在教学中带领学生去多个泰山风景点、文化景点和场所进行实地写生，考察博物馆、纪念馆、旅游市场，邀请艺术家、民间艺人现场表演，最大程度地激发学生对本门课程的学习兴趣，让学生们对泰山本土的非物质文化遗产保护与民俗文化有了一个直观而生动的了解，从而促使他们从理论与实践上主动去关心其他各地的非物质文化遗产保护情况，关心各地异彩纷呈的民俗文化，培养了他们的学习兴趣，使其更好、更灵活地掌握课程内容，进而用艺术的语言、现代美术的视角，更有力地去思考和学习深层次的问题。这使学生在深化对书本知识的认识和理解的同时，也在潜移默化中接受了泰山文化教育，掌握了一些实践应用和创新才能。

实验教学中，教师们根据办学定位和应用型人才培养目标，从不同的角度运用不同的方法，吸纳泰山自然文化不同的营养，激发、引导学生发挥潜能，用理论联系实际，将知识和经验相结合，把各种构思变成现实的艺术创作，培养了学生较高的将知识转化为能力的素养，使其成为应

用型艺术人才。

二、适应人才培养目标，系统构建特色教学课程体系

基于对艺术应用型人才本质特征的研究和人才质量标准的创新设计，对课程体系进行全面精选整合，建立集通识教育、专业教育和特色教育在内的反映个人发展和社会需求有机结合的课程体系。按照美术学院应用型人才培养目标，在实验取得成效的基础上，在特色教育课程平台，按照美术和设计专业的分类培养目标设计课程，创新课程结构，建立了"基础＋临摹实践""基础＋写生训练""基础＋创作（设计）研究"的多层级实践培养模式，突出了学生的主体地位，形成了与培养将现代设计、创作教学和地域文化相结合的应用型人才的教学目标相适应的、系统的泰山美术特色课程教学体系。

刘钢院长带学生在泰山风景区写生

这一课程教学体系，注重课程设置的综合化，充分体现泰山文化特色课程内部的相关性及完整性，为学生在日后工作中应对现代艺术和艺术教育中日趋综合化的各种问题打下良好的基础。经过六年的实践探索，泰山美术特色课程教学体系得到了省内外教育专家的认可，专家认为泰山美术特色课程的意义是：泰山文化是中华民族传统文化的缩影，将泰山丰富的自然资源和文化资源引入专业教学，更加紧密地结合泰山学院人才培养目标所强调的"地方性、应用型"，极大地推动了美术学院的教学与科研，更加突显了我们的专业特色与课程特色，也更加符合现代教育理念，使美术学院的人才培养更加贴近泰安经济和文化发展的需要。2011年泰山美术学被评为山东省文化艺术"十二五"重点学科，2011年美术学专业还被评为山东省特色专业。

刘钢院长带学生在泰山风景区写生

1. 特色课程：泰山写意人物创作和泰山岱庙壁画临摹与创作

泰山写意人物创作这门课程，主要学习泰山写意人物画的创作理论、创作方法和创作实践，旨在培养学生运用写意的绘画语言和艺术手法，

对泰山帝王封禅人物、宗教人物、历史人物、传说人物、民俗人物和现代人物等题材进行绘画创作，认同传统文化，又懂得对象世界的多义性和丰富性，学会一定的艺术表现手法，具有文化追求的自主精神和文化的表现力。学生根据自己的兴趣每人选择一个题材进行创作。碧霞元君、东岳大帝、王母娘娘、吕洞宾等泰山典型传说人物，"三笑处""烂柯处""石敢当"等泰山传说故事，三皇五帝、秦始皇、汉武帝、武则天、唐高宗、乾隆等泰山帝王封禅人物，孔子、曹植、李白、杜甫、王蒙、泰山五贤、安道一、萧太亨、冯玉祥、万里、江泽民等泰山历史与当代著名人物，泰山挑山工、泰山庙会人物、泰山集市人物、泰山旅游人物等泰山民俗人物，这些人物的形象、生活、故事，都成为学生创作的题材。学生到泰山、灵岩寺、岱庙等处实地考察泰山人物画的历史作品。岱庙宋代壁画《启跸回銮图》，灵岩寺宋代彩塑《十八罗汉》《汉画像石》，宋代《梁楷人物画》，当代画家赵望云《泰山民俗图二十幅》等都成为学生创作的参考和艺术借鉴之作。

泰山岱庙壁画临摹与创作课上，教师结合岱庙天贶殿宋代壁画《启跸回銮图》《岱庙卷轴神像》及东岳大帝、泰山碧霞元君圣像等题材，利用现代新研发的矿物色等新材料，指导学生复制了各种局部精彩画面，以满足艺术收藏者的需要。在制作过程中，教师带领学生注意人文内涵的研究，并上升为理论研究层次，深入挖掘泰山古代壁画艺术内涵，以弘扬泰山文化。

通过这些课程的学习，学生既掌握了泰山文化的相关知识，又学习掌握了艺术创作的方法，创作出饱含泰山文化的美术设计作品。"泰山写意人物创作"和"泰山岱庙壁画临摹与创作"课都深受学生喜爱。学生创作的部分作品还被当地企业家收购，并为今后从事泰山地区文化事业和产业工作奠定了基础。

2. 特色课程：泰山国画山水画写生与创作和泰山油画风景写生与创作

"泰山国画山水画写生与创作""泰山油画风景写生与创作"在美术学本科专业，把"泰山山水画、风景画"作为特色课程教学内容，具有重大意义，风景画是美术学的主要课程。把泰山山水画、风景画作为风景画课程的一项教学内容，主要是为了充分开发和利用泰山资源优势，增强办学特色。

泰山地貌分为冲洪积台地、剥蚀堆积丘陵、构造剥蚀低山和侵蚀构造中低山四大类型，在空间形象上，由低向高，造成层峦叠峰、凌空高耸的巍峨之势，形成多种地形群体组合的地貌景观。泰山植被古树名木，源于自然，历史悠久，据《史记》载"茂林满山，合围高木不知有几"，现有34个树种，计万余株。它们与泰山历史文化的发展紧密相连，是古老文明的象征，其中著名的有汉柏凌寒、挂印封侯、唐槐抱子、青檀千岁、六朝遗相、一品大夫、五大夫松、望人松、宋朝银杏、百年紫藤等，每一株都是历史的见证，历经风霜，成为珍贵的遗产。泰山历经数千年，自然景观与人文景观融为一体，例如，旭日东升、云海玉盘、晚霞夕照、黄河金带等十大自然奇观及石坞松涛、对松绝奇、桃园精舍、灵岩胜景等十大自然景观，宛若一幅天然的山水画卷。还有，泰山多处古建筑群因地制宜，巧妙借用自然地势加强和美化自然景观，利用山南坡陡峭之势，造成登泰山如登天的意境。泰山石和迎客松曾为人民大会堂山东厅壁画的主要素材，此外在民间的宣传绘画中从古到今都是经典题材，已成为全国的人文素材，代表着一种形象，具有典型的图式意义。诚然，泰山有取之不尽的资源有待于我们去认识和挖掘，泰山也为艺术家的创作提供了宝贵的创作源泉。

泰山风景画课程的内容，主要围绕表现泰山

杨克仲老师给学生讲解泰山碑刻书法

杨克仲老师给学生讲解泰山摩崖石刻

的自然景观与人文景观展开，可分为泰山水墨画、泰山油画风景及泰山重彩山水画。我们学习和借鉴历代著名画家画泰山的作品，以多种多样的表现形式，力争在教学中从学术角度展示泰山的雄浑之美。

近几年来，我院教师及学生以泰山为题材创作了大量作品，入选国际级、国家级、省级展览100多幅，举办专题展览"意象泰山油画展""异质·同构泰山油画展""泰安当代艺术展"。由于作品具有代表性，从绘画语言及表现形式上来讲都反映了泰山文化的深刻内涵，所以很多作品被国内外友人收藏，并且深受广大游客的青睐。

特别值得提出的是，泰山水墨画和泰山油画风景教学，师资力量雄厚，专业基础扎实，通过大量的写生实践，创作出许多风格不同的优秀作

品，为拓宽美术学院专业领域和突出专业特色奠定了坚实的基础，为"泰山画派"的形成做出了重要贡献，并在省内外产生了较大影响。

3. 特色课程：泰山碑刻书法教学与创作和泰山书法史教学

泰山石刻源远流长，分布广泛，数量众多，现存碑刻500余座、摩崖题刻800余处，碑刻题名之多，冠中国名山之首，成为一处天然的书法展览，具有很高的艺术和史料价值。一方面，泰山石刻涵括了中国整个书法史，展示了中国书法艺术形变神异、一脉相承的发展脉络，而且珍藏了像秦朝的《李斯碑》，汉代的《张迁碑》《衡方碑》，晋代的《孙夫人碑》，以及北齐的经石峪《金刚经》，唐朝的《纪泰山铭》和元、明、清、现代等的一大批名碑。另一方面，泰山石刻还有极高的文献史料价值，泰山石刻的文字是研究中国社会发展和传统文化的珍贵资料。此外，泰山沿途众多的摩崖石刻艺术又浑然于自然之景，成为联结游人与自然山水的纽带，充实丰富了泰山美的内涵。

我们充分利用泰山碑刻书法资源，传承和发展中国书法艺术瑰宝，在书法课程教学中，以学习、研究历代碑刻为主要内容，注重系统性地研究泰山碑刻书法的艺术特色。对《李斯碑》、《张迁碑》、经石峪《金刚经》等名碑进行实地考察和临摹，然后进行创作，形成了泰山碑刻书法教学与创作的教学特色。泰山书法史教学虽然尚未独立，仍依附于泰山碑刻书法教学与创作中，但帮学生理清了书法历史脉络，有助于学生了解泰山书法文化。

近几年来，我院教师及学生以泰山碑刻为基础，创作了大量的书法作品，多次入选国家及省、市级美术展览并获奖。由于作品有代表性，很多作品被国内外友人收藏，深受广大游客的喜爱。我院教师还出版了相关的书法教材。

牟英俊老师的泰山旅游纪念品作品

美术学院老领导、老教师参观画展

4. 特色课程：泰山旅游艺术纪念品设计与开发以及大汶口文化陶器复制造型研究

在艺术设计本科专业教学中，为适应泰安旅游业经济改革需要，响应泰安市政府发展泰山旅游纪念品的号召，我们把泰山旅游纪念品设计与开发作为特色课程教学内容，开设了"泰山旅游艺术纪念品设计与开发研究""大汶口文化陶器复制造型研究"特色课程，主要围绕泰山各种文化进行设计，包括泰山旅游纪念品的工艺美术品、民间艺术品、旅游日用品、泰山土特产品包装设计、首饰和珠宝设计及室内陈列品设计等。作品提倡使用新材料、新工艺、新技术，并与传统工艺有机结合，既体现了泰山人文内涵又具有现代感。近几年来，我院结合泰山"石敢当文化"，开发了富有民俗文化寓意、具有艺术欣赏和收藏价值的"石敢当系列旅游纪念品"，并且投入市场运作，获得了一定的经济效益和社会好评。我

们还定期举行泰山旅游品设计展，以及围绕泰山文化，参与策划并设计了一系列有关泰山的公益广告的宣传创意工作。教师及学生作品多次入选省、市级旅游品设计大赛并获奖，促进了泰山旅游业经济的发展，有力地提升了泰山的文化形象和地位。

大汶口古文化发祥地的古陶器艺术，是我们研究的内容之一。我院成立了陶艺实验室，进行了古陶器的复制研究等工作，并投入生产，获得了社会好评，深受广大游客的喜爱并被收藏。

总之，"泰山特色课程群"平台的建立，立足于在教学内容、课程体系、实践环节等方面进行人才培养模式的综合改革，探索教学理念、培养模式和管理机制的全方位创新，旨在培养"通识教育、专业教育和特色教育相结合"的复合型专门应用型人才，最终达到了新型应用性美术人才培养的目标。

三、按照特色课程方案，加强应用型人才培养的实践

从人才培养的高度来理解，特色课程是由培养在传统经济模式中安心从事本职工作的专门人才，真正转向培养能创造性地从事本职工作并在一定意义上具备转岗能力和创业能力的复合型应用人才。这使毕业生走出校门后，既具备当地就业岗位的适应性，又具备职业迁移、灵活转岗的复合性和继续发展的创造性。特色课程是我们设计开发的新课程，即在对我们学生的能力发展和就业需求进行科学的评估并充分考虑当地经济、文化资源的基础上，以学生为主体，开发旨在发展学生个性特长的、多样的、可适应地方经济与文化发展的、供学生选择的课程内容。

1. 强化技能训练与课堂教学实践

要重视和形成适应地域文化的教学创新机制。教师还要改革传统的教学方法和教学理念，注重学生在课堂上的主体地位，增加实践教学的

内容。在条件允许的情况下，教师可以选择适当的时间带领学生"走出去"，将课堂搬到"自然""社会"中，将文化教学放到文化的生发地，让学生身临其境地去品味地域文化的韵味，真正从身与心两个方面接受文化的熏陶。改革传统的教学方法和教学理念，必须要加强师生互动，培养学生的参与意识。如实施学生讨论与学生授课制，在联系当前地域文化研究的焦点热点问题时，可让学生预先查找资料、制作PPT，在课堂上进行介绍，然后学生展开讨论，最后教师总结观点，发表意见。在遇到地域文化与当前社会中的实际问题时，可鼓励学生用自己的眼光及所拥有的知识去解读地域文化的特色内容，然后在课后布置调查报告或小论文，要求学生以小团队的方式完成，锻炼学生的团结合作意识与自主能力。

2. 建立地域文化教学基地

遵循人才培养规律和专业教育规律，突出以技能训练为主的实践教学原则，为保证学生泰山特色课程的教学实习，我们积极开展校企合作，对外服务，为学科的多领域发展搭建了良好的发展平台。我们建设了多个泰山教学写生点和教学实践基地。目前，与泰山管理委员会、岱庙博物馆、红门景区、泰山美术馆、泰山石敢当美术馆等单位建立了实践性教学基地，与旅游局、泰山桃木旅游纪念工艺品公司、泰山玉产业公司等部门企业建立了"产、学、研"基地，近几年与泰山美术馆、泰山石敢当美术馆和泰安实验学校等企事业、学校合作，建立了科学研究与人才培养基地，为培养应用型人才和泰山研究工作创造了良好的条件。

3. 加强学生艺术创新实践能力培养

我们以培养学生的艺术创新实践能力为己任，一直在探索高层次提升型人才培养的实践教学。鼓励学生参加艺术竞赛活动，以泰山美术创作和艺术设计为依托，采用"导师制"的方式，

对学生的创作和设计加强指导，培养了学生创作和设计的艺术创新能力，并且取得了骄人的成绩。鼓励学生进行课题研究，以大学生科技创新项目为依托，也采用"导师制"的方式，以解决实际问题为目的，引导学生进行与泰山文化相关的科学研究，培养了学生的科研素质与创新能力。近几年，教师指导本科学生承担泰安市大学生科技创新行动计划项目7项，现已全部结题。

四、师生取得的成果和展望

2011年，泰山美术学被评为山东省文化艺术科学"十二五"重点学科，美术学专业于2011年被评为山东省特色专业，在泰山美术学院广大师生的共同努力下，泰山特色课程群经历了诞生的喜悦和成长的艰辛，师生也为课程群共同积累了360余项科研成果。

教学改革方面，素描课程教学改革被列为山东省教育厅教学改革试点课程，该成果出版的专著、教材《素描》《速写》等，被全国许多美术院校作为美术专业教材使用，受到专家的好评。2006年，素描课程被评为山东省高校精品课程。发表教学科研论文30余篇，分别获山东省优秀教学成果三等奖和山东省艺术科学优秀成果一、二等奖，出版专著7部。

在此基础上我们又开始了泰山美术特色课程的教学改革实践，教师们通过对特色课程的教学实践总结和思考，申报了一批省级和市、校级教学课题立项，如"泰山碑刻书法课程的建设与研究"、"泰山岱庙壁画与重彩绘画教学研究""泰山美术特色课程群的建设与发展"等。我们邀请山东省美术教育专家召开了老教授"黄墨林先生泰山山水画教学研讨会"和"泰山美术特色课程学术研讨会"，在会上，我们的特色教学改革得到了专家们的认可和支持，专家也给我们今后的发展提出了许多建设性的意见和建议。并将泰山美术特色课程教学研究学术论文、教学大纲和教

案合而为一，编辑出版了《泰山美术特色课程教学研究文集》《黄墨林泰山山水画写生集》和《泰山油画写生与教学》等特色专著，在山东省泰安市美术界引起了很大反响，得到了专家的好评。

科研方面，先后有25项山东省文化厅重点课题和市、校级科研课题立项，如："岱庙天贶殿壁画研究""泰山松柏现代图式研究""泰山旅游纪念品设计与开发研究""泰山山水画写生与创作研究""泰山风景油画表现及审美价值研究""泰山意向性油画表现研究""泰山松柏现代图式研究""泰山民间美术研究""泰山书法石刻文化内涵及价值导向研究""泰山人物画创作与研究""泰山山水画写生与创作研究""泰山花卉的审美特色""泰山道教服饰特色研究""泰山丙烯画造型语言及审美图式的研究""泰山岩石造型与纹理审美的当代文化价值研究""泰山造型艺术和实用艺术信息数据库建设与研究""泰山美术遗存研究"等，目前大部分立项已陆续结题。

近几年在国家、省、市各级展览、赛事中，泰山美术与设计作品屡获佳绩：2013年师生泰山美术作品获得"第六届全国美育成果展——艺术教育教学成果"二等奖；教师作品《泰山集市》获得第三届山东省"泰山文艺奖"；《岱庙写生》入选"全国首届岱岳至尊国画展"，获优秀奖；泰山花鸟画作品入选"第十二届全国美术展览"；《来自泰山新农村的报告》入选"全国第八届工笔画展"；作品《泰山集市》入选全国线描展；在"全国桃木旅游纪念品创意大赛"中师生共获金奖1项、银奖2项、铜奖5项、优秀奖12项；教师在"山东省学院杯设计大赛"获金奖、银奖、铜奖六项；师生参加"山东省旅游商品设计大赛"共获银奖、优秀奖3项；在"2009年韩中国际现代美术设计展"教师获银奖1项、铜奖1项，学生5人获铜奖和优秀奖；学生在2008年、2010年山东省艺术院校美术大赛、山东省首届高校美

山东省文化艺术科学"十二五"重点学科建设工作会议（刘钢院长和科研处处长李丽清）

泰山学院秦梦华院长参观美院毕业生展览

列宾美术学院来泰山美术学院进行学术作品交流

中央美院教授孔新苗来美院进行学术交流

韩国客人来美院进行学术交流
（泰山学院党委书记王庆功等领导出席）

美术学院梁泰生书记教外国学生学国画

术专业师生基本功比赛中共获一等奖8项、二等奖13项和三等奖24项；2010年山东省艺术院校美术大赛中，学生取得了一等奖3项、二等奖6项、三等奖5项和优秀奖10项的好成绩，美术学院获优秀组织奖；在泰安市"泰山旅游商品创意大赛"中获银奖2项、铜奖6项、优秀奖多项，为地方文化产业的发展做出了积极的贡献。

美术学院成立了"泰山学院泰山书画艺术研究所"和"泰安油画学会"两个学术机构，定期举办美术学院教师"泰山美术与设计作品探索展览"和学生"泰山美术特色课程作业汇报展览"等。有关泰山美术与设计的书籍《泰山美术史》《泰山速写专集》《书法与泰山》《泰山元素在现代设计教学中的运用研究》等正在编著中，不断促使泰山美术特色教学和科研实践向学术成果转化的力度和速度进行提升。

"泰山美术特色课程"经过几年的发展已经有了长足的进步，取得了初步的教学和科研成果。在下一步的发展中，美术学院还将举办"全国泰山美术特色课程研讨会"，邀请著名教育专家给我们"把脉"，广泛征求意见，不断改进特色课程的教学方法和方式，使我们的特色更加鲜明、突出。出版"泰山美术特色课程"系列特色教材和师生作品专集，将我们的探索不断完善和深入下去。

根据教育部"高等学校本科教学质量与教学改革工程"内容要求，新的教育教学研究项目要充分体现继承性，以特色求生存，以特色促发展，在调查研究的基础上，进一步明确培养目标，大胆改革创新，进一步充分利用各种资源优势，积极消化、吸收、应用、整合、集成、深化已有教学改革成果，形成具有我院特色的培养模式，使我们培养的人才更能满足社会的需要，使我们的发展更具有后劲和活力。为适应市场经济的需要，加强技能课程的建设，使学生能够快速适应泰山周边地区未来工作岗位的要求，拓宽我院学生的就业渠道，增强毕业生的竞争与创业能力。建设中注意增强其实用性、合理性、时代性、科学性，建设一套更加科学、合理、先进、特色鲜明的专业课程群。

五、结语

本画册收集的作品只是教师们在探索"泰山美术特色课程"中部分相关美术与设计的作品和学生的部分课堂作业，可能有些作品不太成熟，还在探索的过程中，但它们是我们继《泰山美术特色课程教学研究》一书之后的又一部分新的作品，从中可以看到教师们对"泰山美术特色课程"诸课的新思考和实践。也可以说，本画册是对六年来特色课程教学和科研的一个阶段性总结，包含对今后特色课程建设的展望，也是增强发展的动力。优秀的特色教学成果来自各位教师的不懈探索和辛勤劳动，来自师生在学术上的不断求索，这一切皆从本画册的作品中可见一斑。在这六年里，泰山美术特色课程群虽然经历过初创的艰辛，但我们更感受到团体的奋进之力和发展之乐。六年对于一个学科专业来说是个短暂的历程，但特色课程的创建与发展的激情正在酣畅奔流。培养高素质艺术复合型应用人才，倡导学术研究与艺术特色，建设应用型特色美术学院，将永远是我们不懈努力的目标。

本画册收入的学生作品只是部分作品，有些作品当时没有拍照留下，是本画册的一大遗憾。

二〇一四年秋写于泰山悟易斋

泰山特色

美术·设计作品集

教师作品

（国画、书法）

一

雄峙天东

泰山日出　国画教研室集体创作

泰山听松、抒怀、观日、问道图　刘钢

泰山竹溪六逸图　刘钢

泰山碧霞元君　｜　泰山三笑图　刘钢

紫气东来　刘钢

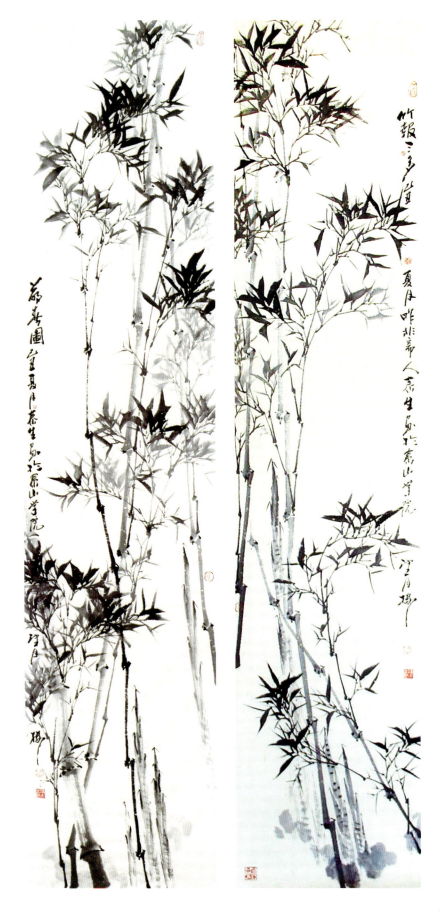

萌春图 ｜ 竹报三多 ｜ 清风送春

梁泰生

扇面

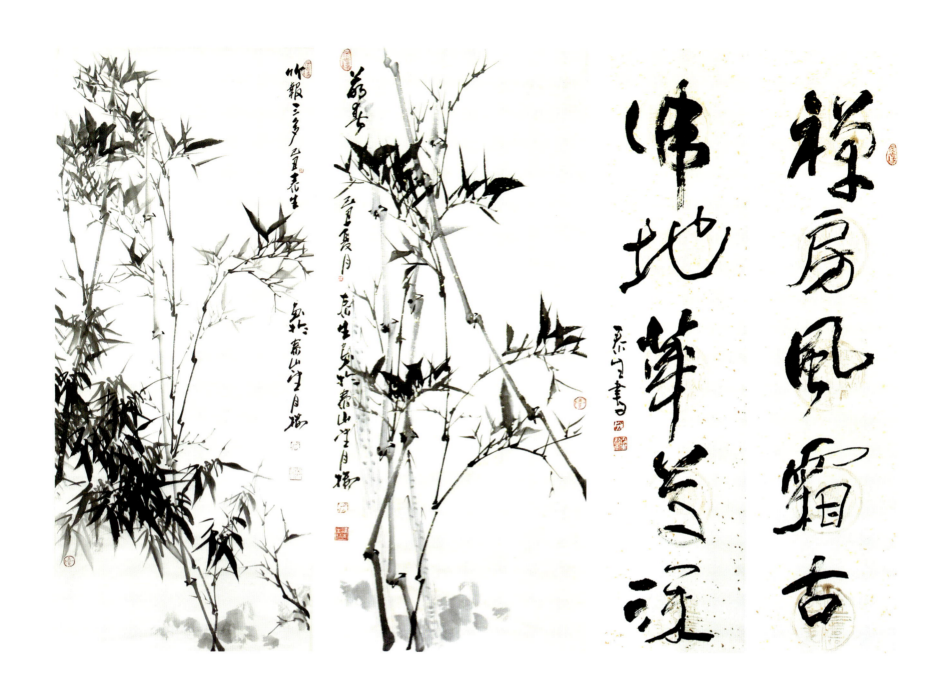

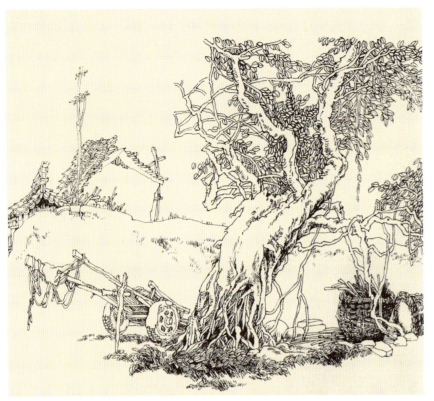

泰山人家系列作品 赵振山

泰山人家系列作品之一

泰山风景写生 1

赵振山

泰山风景写生 2

河鱼图　卢东

莲子 | 萝卜 | 晨妆　卢东

岱庙启跸回銮图局部临摹
46cm×55cm 李天军

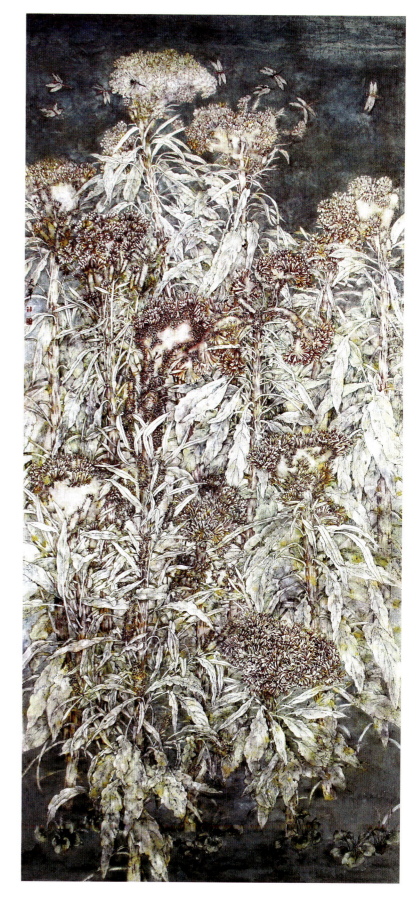

金髻太平　237cm×104cm　李天军

艳秋　196cm×156cm　李天军

来自新农村市场的报告
200cm×180cm　李天军　刘钢

泰山大集　李天军

东岳清晖图　陈军

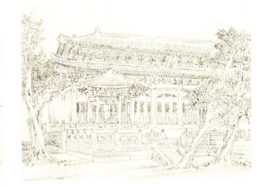

岱庙春晓　陈军

梦归彩石溪　陈军

泰山游记　陈军

飒飒秋雨中　68cm×68cm

韩玉禄

林水人家　136cm×68cm

一天秋色冷晴湾　69cm×138cm　｜　清净当深处　69cm×138cm　王士生

泰山桃花峪　王士生

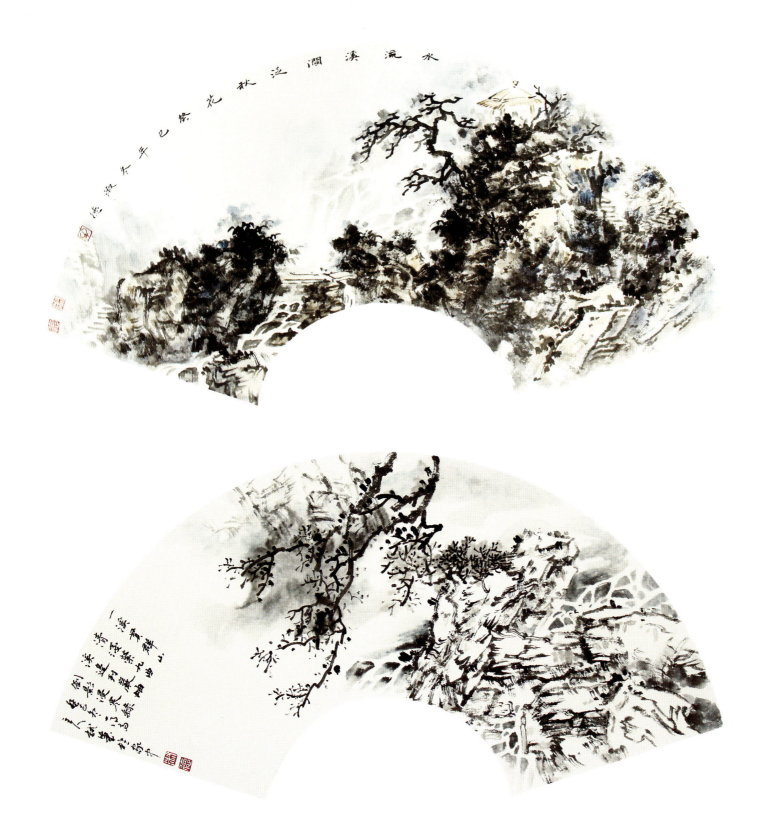

泰山秋韵

———— 牛淑德

泰山西溪

泰山胜揽　牛淑德

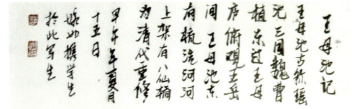

千年沧桑　360cm×45cm

赵婉如

八仙桥写生　45cm×33cm ｜ 王母池记　55cm×33cm

冬趣　97cm×230cm　｜　泰山香客　97cm×180cm　安娜

泰山烟云　34cm×136cm　｜　鸣秋　34cm×136cm　刘宝水

岱宗坊　宋艳丽

泰山黑龙潭雪景　38cm×56cm　孙真

刘勰　195cm×135cm　张清

蹴罷秋千起來慵整纖纖手 露濃花瘦 薄汗輕衣透 見客人來 襪剗金釵溜 和羞走 倚門回首 卻把青梅嗅 張清 錄李易安詞意幾許 辛卯冬

清照词意 146cm×89cm 张清

凤凰印象系列 霍明

泰山云步桥　69cm×138cm　包晓佳

东岳庙会图　刘东方

纯真年代　刘东方

戏春图　90cm×180cm　梁晓如

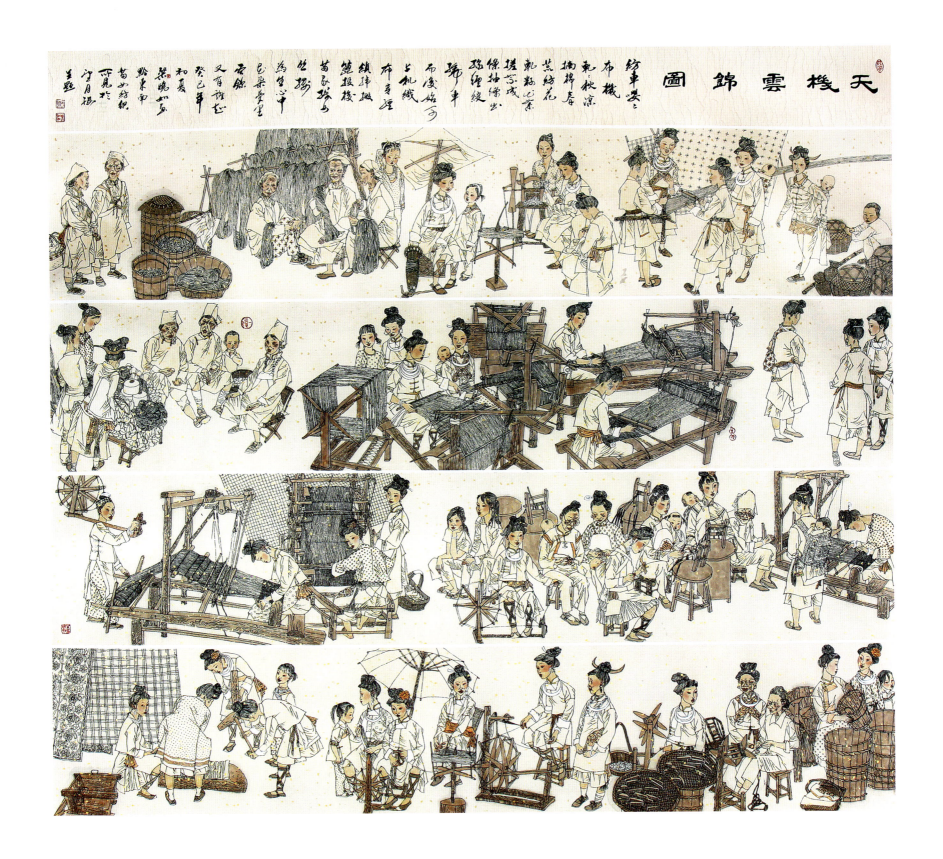

天机云锦图 170cm×190cm 梁晓如

碧霞旭日　97cm×97cm　李原

西麓印象　116cm×89cm　李原

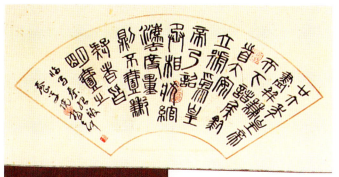

岱宗夫如何，齊魯青未了。造化鍾神秀，陰陽割昏曉。盪胸生層雲，決眥入歸鳥。會當凌絕頂，一覽眾山小。

泰山石刻 ｜ 望岳　杨克仲

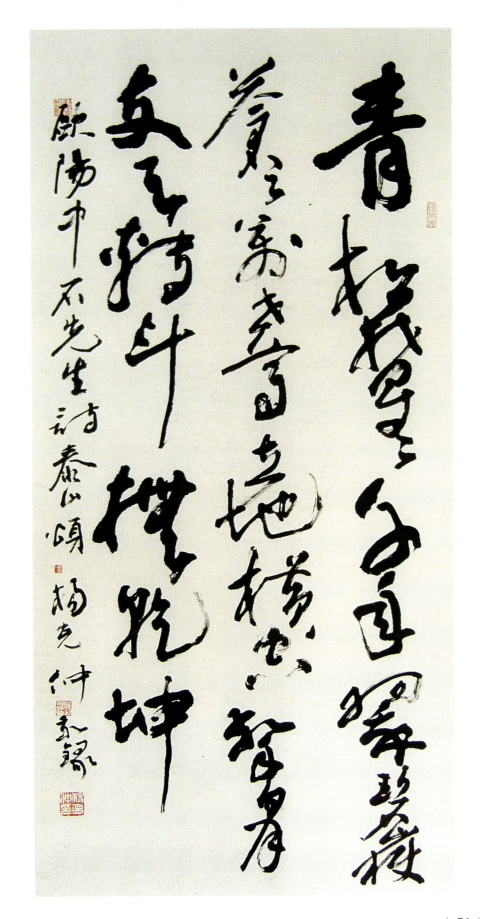

青未了齐鲁青未了荟萃寰宇地横挤气吞斗牛撼乾坤

欧阳中石先生诗泰山颂

杨克仲录

泰山颂 杨克仲

泰山诗选抄（局部）

张银军

泰山诗选抄　33cm×99cm

黄庭坚诗一首　138cm×46cm　张银军

泰山特色

美术·设计作品集

教师作品

（油画、水粉画）

二

水粉画凤凰岭　吴禾

水粉画麻塔镇　吴禾

泰山学者——万昌华　130cm×80cm　刘绘中

美院教师刘静逸
100cm × 80cm　刘绘中

泰山学者——周郢
100cm×80cm 刘绘中

美院教师张欣　130cm×80cm　刘绘中

览山图——羊山　68cm×40cm　刘绘中

对松山　140cm×160cm　蒋力

东岳泰山　160cm×420cm　蒋力

山居图　145cm×75cm　蒋力

泰山人家 ｜ 山里人家

刘岱兵

泰山小景 ｜ 山雨

栗子峪 花石峪

刘岱兵

王母池

泰山清晨

窗 | 老墙　巩新

古楼　巩新

门　巩新

蒙山秋韵　100cm×100cm　石新峰

秋进校园　100cm×100cm　石新峰

沉香狮子　81cm×65cm　｜　笙声不息　81cm×65cm　徐晓鹏

红门二　50cm×60cm　徐晓鹏

登山留影 ｜ 登山留影　张磬

龙潭水库　张磐

女儿茶　张欣

长青　杨蔚群

泰山特色

美术·设计作品集

教师作品

（视觉传达）

三

泰山之哺　张明

泰山印象系列　张明

泰山教育信息网
www.tsedu.com

铁路大厦
TIELUDASHA

印象瓷业
YINXIANGCIYE

泰山·亚龙湾水上乐园
yamasunchuichangleyuan

泰安市基金投资担保经营有限公司
TAIAN FUND INVEST IN ASSURE TO MANAGE CO.,LTD

九鼎建设开发
JIUDINGJIANSHEKAIFA

寶鋒木藝
BAOFENGMUYI

泰安巍巍泰山商贸有限公司
TAIANWEIWEITAISHAN
SHANGMAOYOUXIANGONGSI

美術學院
MEISHUXUEYUAN
泰山学院

诚康医疗设备
chengkangyiliaoshebei

CAOJIEYUAN
草介园

QILUTAIQUANDAOGUAN
齐鲁跆拳道馆

中盛有限责任公司
ZHONGSHENG

TSC
泰山学院

长城中学
CHANGCHENGZHONGXUE

莱芜一中
LAIWUYIZHONG

标志作品　张明

桃者，五木之精也，故压伏邪气者也。

千门万户瞳瞳日

总把新桃换旧符

传承千年桃文化

泰安·肥城 吉祥桃木系列旅游商品

泰安肥城吉祥桃木系列旅游商品海报
29.7cm×42cm　张咏谊

登泰山保平安

泰山印象海报　29.7cm×42cm　张咏谊

泰山玉雕灵芝献瑞如意摆件

牟英俊

白玉雕瓜果花鸟摆件

驼碑泰山石敢当摆件　车英俊

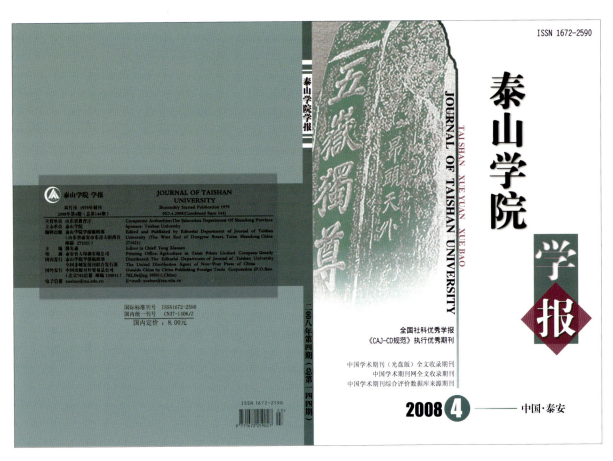

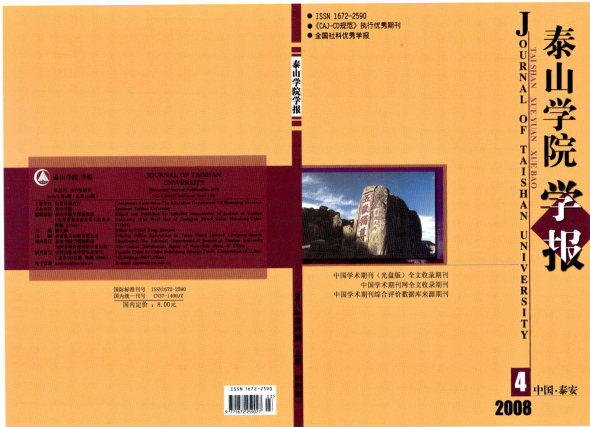

泰山学院学报封面设计　杜伟伟

COMMERCIALIZATION

商业化

天高云淡昂头天外

我不仅仅是商品

招贴《泰山——过度商业化》 梁斌

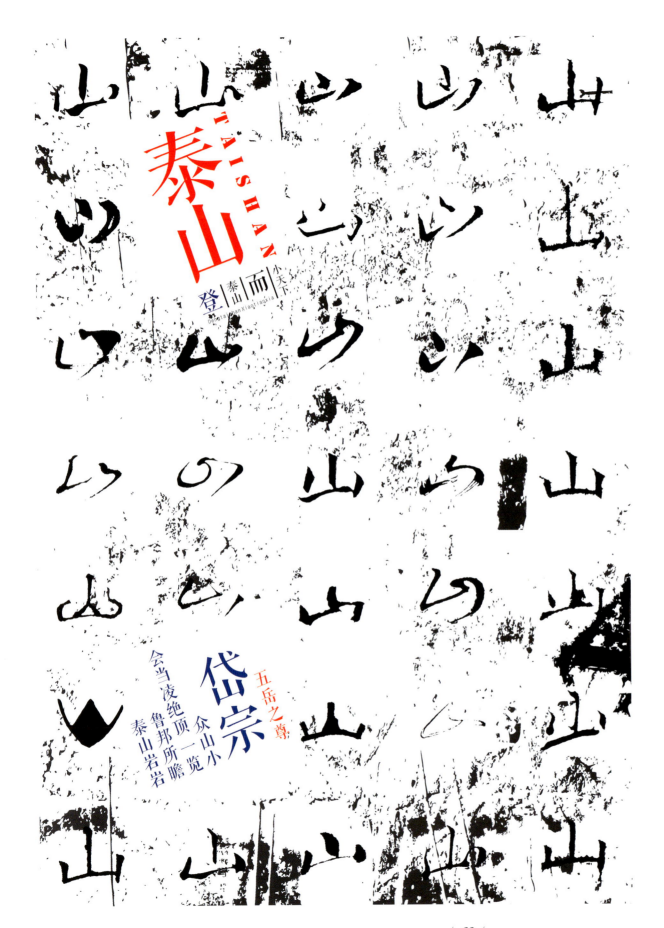

招贴《泰山书法》 梁斌

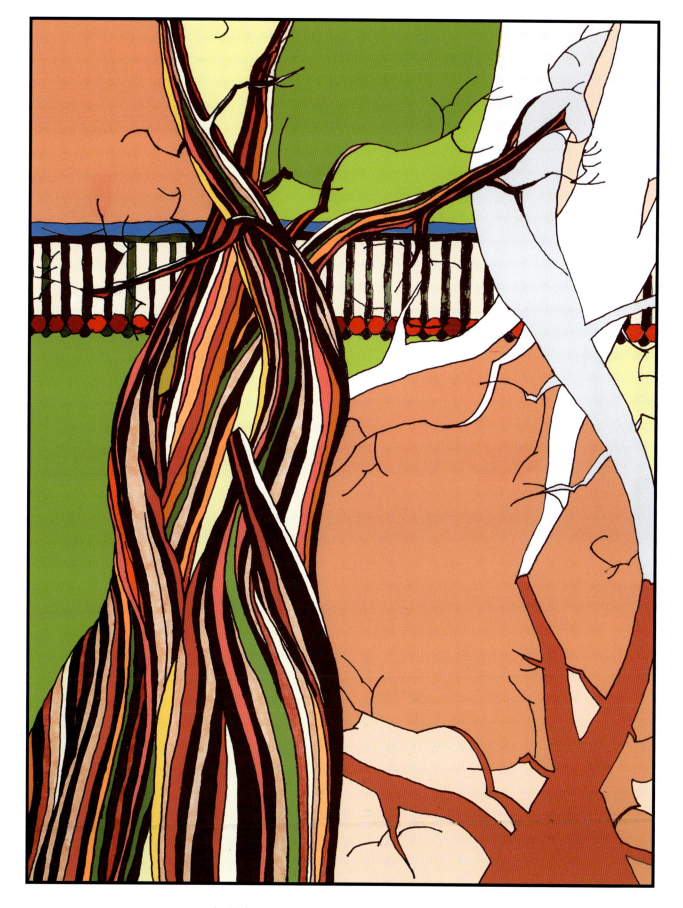

汉柏 于静源

泰山云　于静源

TANSHAN INDUSTRY

泰山实业

—— 泰安市地产有限公司 ——

设计说明：

　　标志的实体为地产行业。结构方面，标志中间的主体部分为泰山的首字母"T"和"S"的字母变形组合。造型方面，除了仿似泰山市地标自然景观泰山的"山"字外，更像是幢幢拔地而起的楼房，也预示着企业蓬勃的朝气与永恒的发展。而外圆弧，也象征着力量的凝聚。字体方面，在变化之余增强字体的粗重感，体现房地产踏实稳固的企业属性。

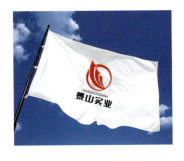

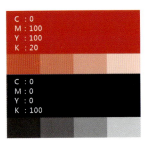

C : 0
M : 100
Y : 100
K : 20

C : 0
M : 0
Y : 0
K : 100

泰山石玉文化 The Culture of Jade and Stone

泰山石玉文化起源

泰山石特点

泰山风光 **Mountain Tai**

泰山石内容内涵

泰山石文化

保平安，泰山石

作基台，泰山石

泰山，岳中孔子

泰山石，适应用

泰山学院泰山石泰山玉鉴赏协会主办

泰山学院 美术学院
TAI SHAN XUE YUAN MEI SHU XUE YUAN

展板

美术学院手提袋

辛玲

泰山学院 美术学院
TAI SHAN XUE YUAN MEI SHU XUE YUAN

泰山学院 美术学院
TAI SHAN XUE YUAN MEI SHU XUE YUAN

泰山学院美术学院标志设计方案　辛玲

泰山特色

美术·设计作品集

教师作品

（环艺设计）

四

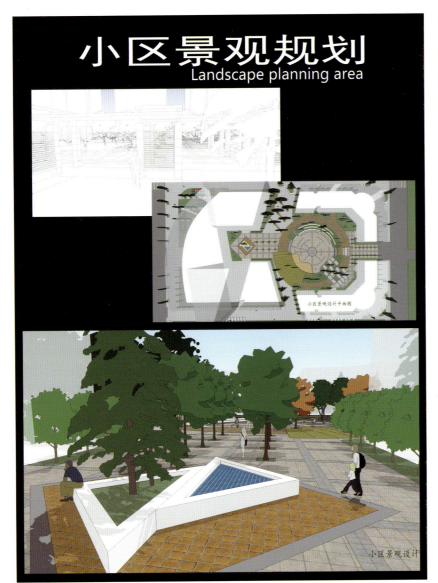

小区景观规划
Landscape planning area

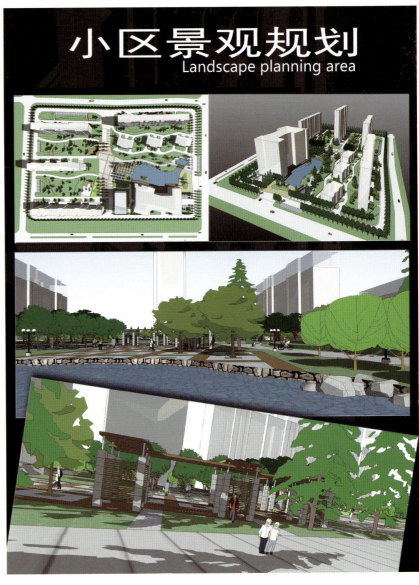

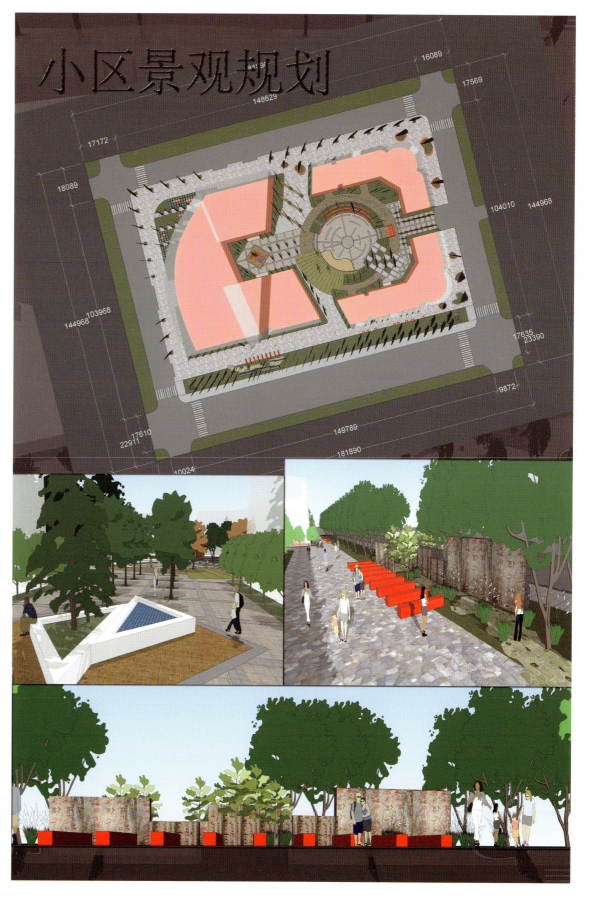

泰山场景　孙傲

泰山小景　刘鹏

泰山小景　刘鹏

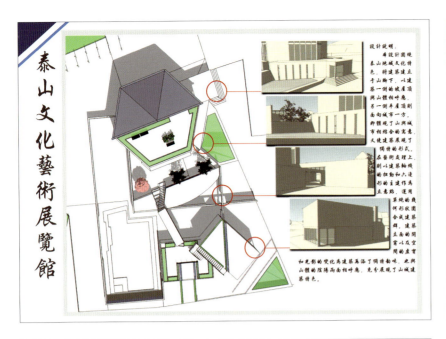

泰山文化藝術展覽館

泰山文化藝術展覽館

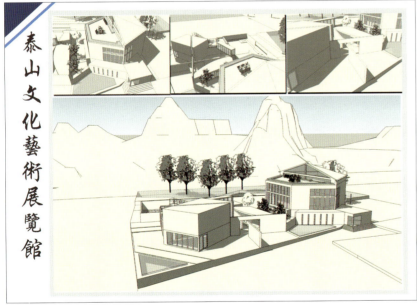

泰山文化藝術展覽館

泰山文化艺术展览馆设计方案　于涛

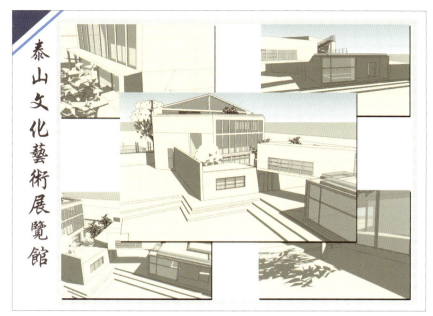

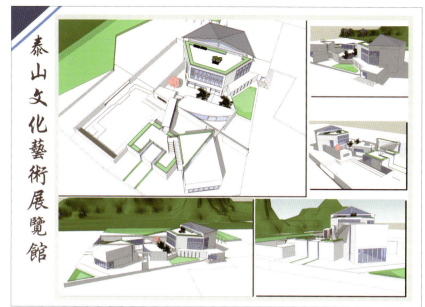

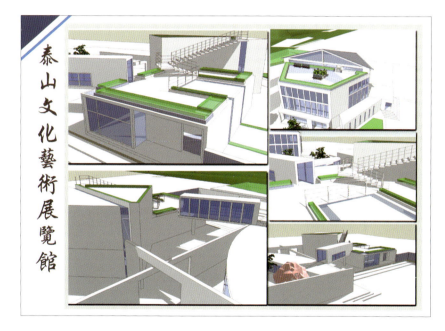

泰山文化艺术展览馆设计方案　于涛

山水涧茶馆设计方案　杜玉彩

泰山会所　陈芬

五岳独尊酒店设计　乔迁

泰山名酒坊

泰山得天独厚的自然环境和水土品质造就了诸多名酒。景区内酒坊是游客的好去处。酒坊设计追求复古、汉韵的空间氛围。黑色地面、仿古砖墙面、白色造型墙、接待台，搭配红色的自由点状屋顶和灯具，创造出多层次的空间，也喻示出陈酒、厚重、文雅的气息。人们通过空间即能感受到古朴典雅的百年老字号名酒文化。

陈 酒区

品 酒区

泰山画廊是美术学院美术绘画与艺术设计展厅，涵盖国画、油画、视传、环艺、展示、摄影等各门类艺术作品的展览。以及雕塑、包装、建筑模型等实物的展出与陈列。空间分为长廊和展厅两部分。为了充分展现泰山人文艺术特色，融入更多的"泰山"元素。在空间环境形象设计上适用"泰山石幕墙"与"泰山抽形设计方式"，并镶嵌丝石峪《金刚经》石刻文字和泰山主题绘画作品来塑造环境、体现主题、营造氛围。

泰山公馆室内设计　王涵涵

客厅效果图

泰山公馆室内设计　王涵涵

小区景观效果图　庞珺

小区景观效果图　庞珺

泰山特色

美术·设计作品集

教师作品

（服装设计）

五

泰山彩石溪石纹系列 T 恤图案设计　王允

泰山彩石溪风景图案 T 恤设计　王允

泰时尚·庙会

泰时尚·庙会　余海威

雪映泰山　孙珊珊

雪映泰山　孙珊珊

中国红　张中启

泰山石——纹理　马艳红

无题　樊宁

泰山送五福　张静

韵 孙斌

年年有余 孙斌

泰山印象　侯小伟

主题：重塑

  本服装设计灵感来源于视觉感官对泰山顶部自然色彩的反映，本款的空间感和肌理感是视觉感官的关键词，同时让人看到成衣与创意的完美结合，色彩采用蓝色渐变，毫不保留地诠释对自然的向往。

印象泰山　王庆惠

"腾" 系列作品　马燕

"腾" 系列作品 马燕

醉心·泰山　董宁

灵仙系列　侯汝斌

泰山特色

美术·设计作品集

学生作品

圣迹大观图　05级国画全体同学

《泰山神启跸回銮图》局部　06级国画部分同学　｜　泰山碧霞元君像　周生龙

鹤望兰　焦婷婷	岱宗松壑图　韩传丽	岱岳极巅　王汝利
岱庙坊传说　作者不详	碧霞祠　作者不详	泰山碧霞元君像　作者不详

東岳大帝寶訓

天地無私　神明鑒察　窣不爲享
祭不降福　不燕不礼　而降福凡人
有勢不可　而降福凡人　使盡有極
不可享盡　貧窮天可　款書

東岳大帝系列　作者不詳

陕北腰鼓　牛凤柏

山岚秋色图　李德敏　｜　水墨人物　张春磊　｜　城市的建设者　王聪

泰山香客图　作者不详 ｜ 泰山墨韵图　武萍 ｜ 泰山挑夫　王庆敏 ｜ 泰山山民　作者不详

泰山墨韵　李仁永

时间都去哪儿了　张立胜

周末　吴晶	泰山意韵　李秉荣
嬉　任聪	
我在城市　鞠寒	

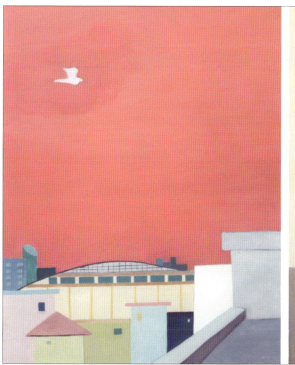

丰收　李鹏　｜封禅印象　张正桓　｜岱岳初雪　赵虹毓

泰安印象系列　李嗣兴

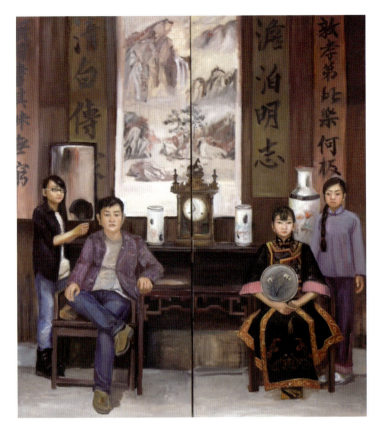

怀旧　彭菊　｜　泰山之魂　刘慧

秩序　李正　｜　圣山之韵　张杰

泰山民工　吴志强　　播种　王丕成

泰山大集　工博

学生作品　王亚楠

童话　姚秀月　　　泰山小街一角　臧斐

泰山学院一角　辛汶　　泰山风光 1　武志林

泰山风光 2　武志林

桃文化旅游商品系列招贴　孙中明

泰山印象招贴　程欣　｜　泰山印象招贴　董树玲　｜　泰山印象招贴　纪晓琳　｜　泰山印象招贴　韩采睿

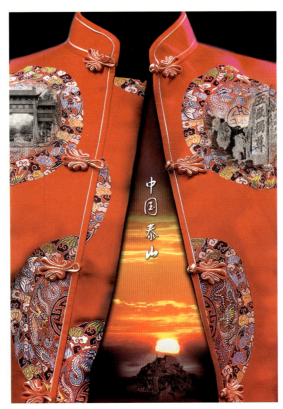
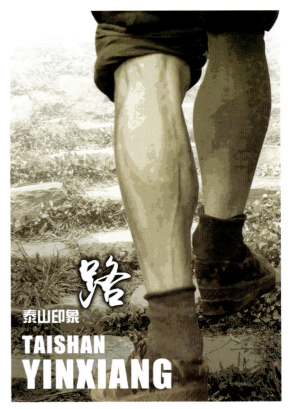

泰山印象招贴　李群　　　泰山印象招贴　石俊杰　　　泰山印象招贴　李延军

泰山印象招贴　李泠飔　　泰山印象招贴　作者不详　　泰山印象招贴　孔祥成　　泰山印象招贴　刘明强

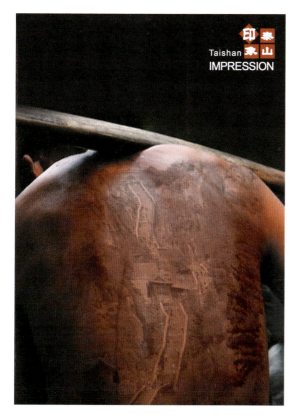

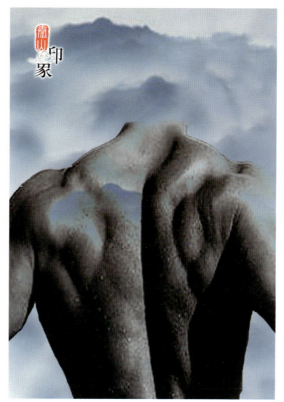

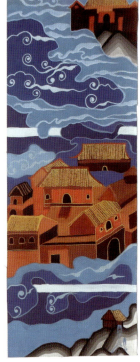

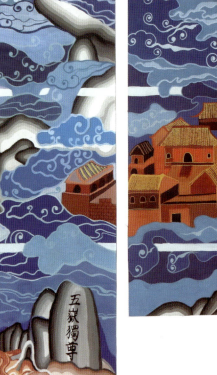

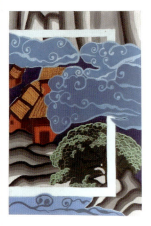

白菜豆腐水　吴新玲	学生作品　作者不详	
学生作品　顾东琪	学生作品　顾东琪	学生作品　李振芹
学生作品　李霞		
学生作品　王传海		

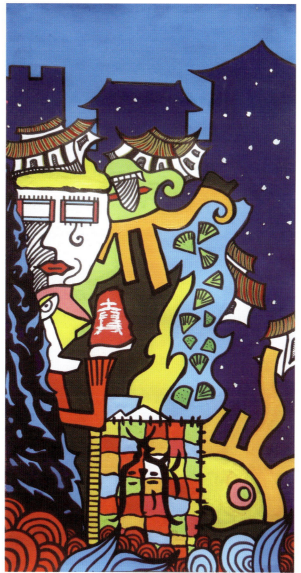

学生作品　作者不详　　学生作品　作者不详　　学生作品　作者不详

学生作品　作者不详　　泰山皮影　作者不详　　学生作品　朱潇逸

包装作品系列

侯延超	丛玲玲
李微	李晓宇
李颖	陈曦
于越	胡春龙

包装作品系列

亓晓蕴	孙明利	李圆圆
路璐	马妮娜	牛冉冉
	孙小炜	穆兰

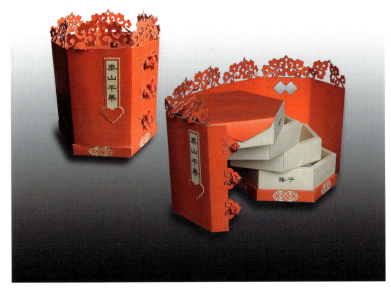

包装作品系列

朱睿智	于越
杨源	张冉
杨源	张啸雷
	徐婉露

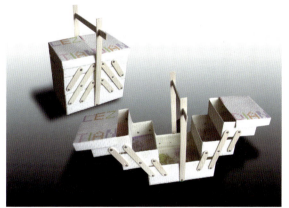

包装作品系列

孙晓楠	王凤	向征
	工雪艳	作者不详
	徐珊珊	作者不详
	温浩	

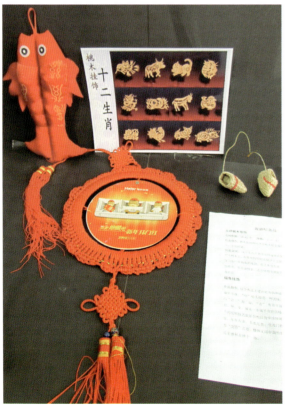

泰山旅游纪念品系列　作者不详

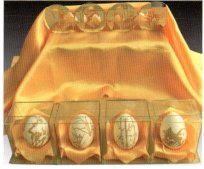

泰山旅游纪念品系列
作者不详

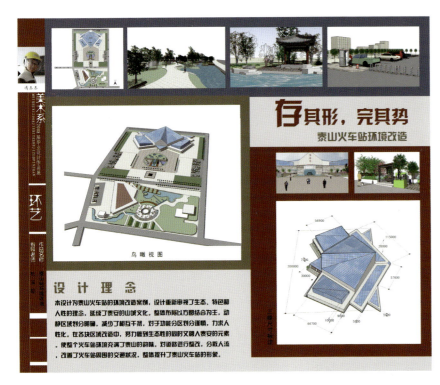

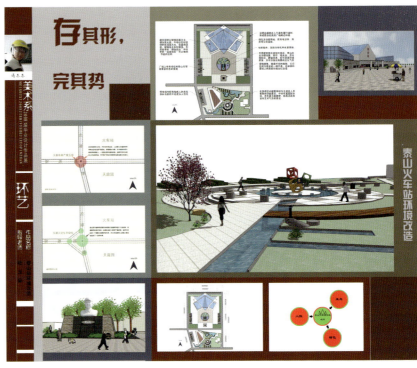

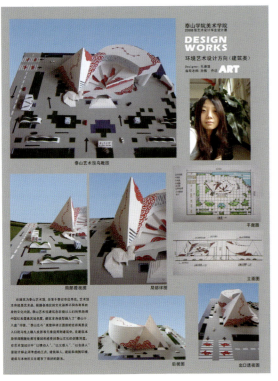

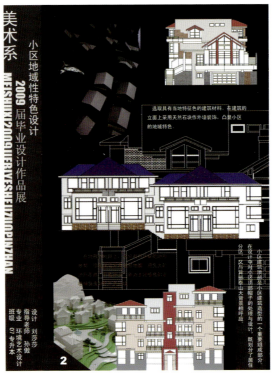

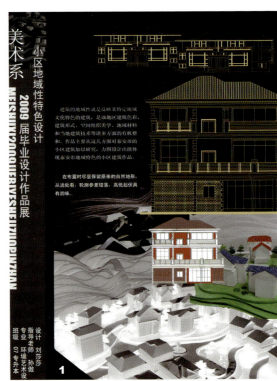

环艺设计作品系列

冯冬冬	冯冬冬
孔德清	刘莎莎	刘莎莎

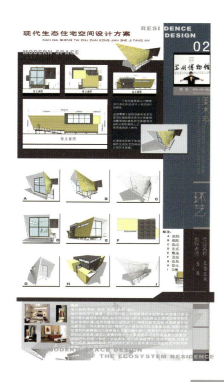

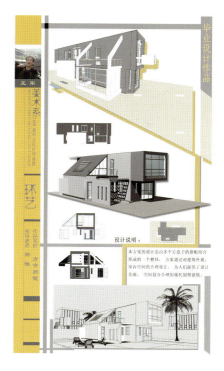

现代生态住宅空间设计方案
XIAN DAI SHENG TAI ZHU ZHAI KONG JIAN SHE JI FANG AN

RESIDENCE DESIGN

02

MODERN SPACE

美术系

环艺

MODERN SPACE DESIGN OF THE ECOSYSTEM RESIDENCE

RESIDENCE DESIGN

现代生态住宅空间设计方案
XIAN DAI SHENG TAI ZHU ZHAI KONG JIAN SHE JI FANG AN

01

美术系

环艺

MODERN SPACE DESIGN OF THE ECOSYSTEM RESIDENCE

Deep White Modern Arthstic

White ARTISTIC

美术系

环艺

WHITE ARTISTIC

WHITE ARTISTICWHITE ARTISTIC

毕业设计作品

美术系

环艺

设计说明：

本方案的设计是由多个方盒子的搭配组合形成的一个整体。方案通过对建筑外观、室内空间的合理设计，为人们提供了设计美观、空间划分合理的现代别墅建筑。

泰山学院美术学院
2009级艺术设计毕业设计展

青春　生态　休闲空间
环境艺术设计方向

DESIGN WORKS

ART
Designer：曲丽丽

指导老师：乔迁　孙傲

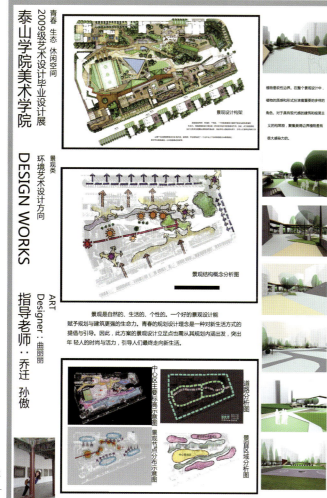

景观设计构架

景观类

植物是软性边界。在整个景观设计中，植物的疏密和形式扮演着重要的多样的角色。对于具有现代感的建筑和绿化主义的构筑物，聚集美得边界植物是有很大感染力的。

景观结构概念分析图

景观是自然的、生活的、个性的。一个好的景观设计能赋予规划与建筑更强的生命力。青春的规划理念是一种对新生活方式的提倡与引导。因此，此方案的景观设计立足点也需从本规划内涵出发，突出年轻人的时尚与活力，引导人们最终走向新生活。

中心区主要标高示意图

道路分析图

景观节点分布示意图

景观区域分析图

建筑架空层的设计 主要采用硬质景观设计的手法，局部草坡打破山墙体内外被分割的空间，使架空层与外部空间可以相互渗透。架空层的设计同时也增加了空间感，让人有一种心旷神怡的感觉。

南侧的建筑架空层主要以休闲式景观的处理手法来设计，并同时满足自行车停车位的需要：北侧建筑架空层分别考虑了不同的功能质。一号楼下为活动空间，二号楼的架空层与外部相连，形成小区的文化区，平时可提供自发组织的活动

环艺设计作品系列

杨力永 ｜ 杨力永 ｜ 孟庆贺 ｜ 王军

曲丽丽

步行街设计

泰山學院美術系05級環藝畢業設計

DESIGN

方圓藝術館設計方案

空間，追求的是 簡明 而非繁瑣

泰山學院2009屆畢業作品 环艺

YI SHU GUAN

作者：宋阳 刘娟

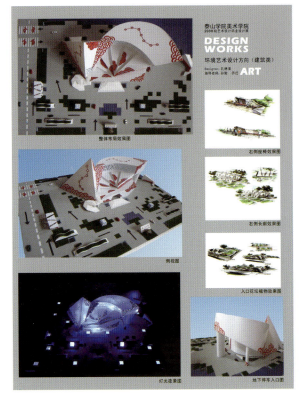

泰山学院美术学院
2006级艺术设计毕业设计作品

DESIGN WORKS

环境艺术设计方向（建筑类）

Designer: 孔德清
指导老师: 孙剑 乔吉

ART

孙悦平	宋阳 刘娟	孔德清
环艺设计作品系列 孙悦平	孙悦平	孙悦平

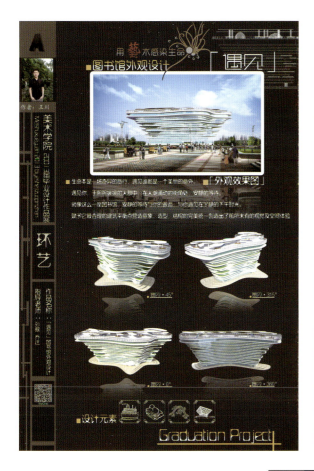

环艺设计作品系列

| 王川 | 王川 | 王川 |
| 李杰 | 韩庆华 | |

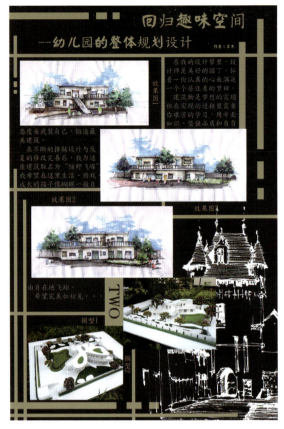

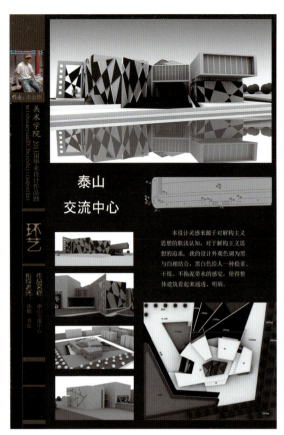

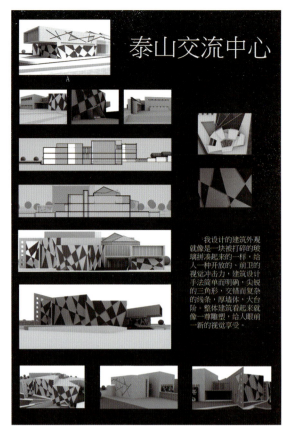

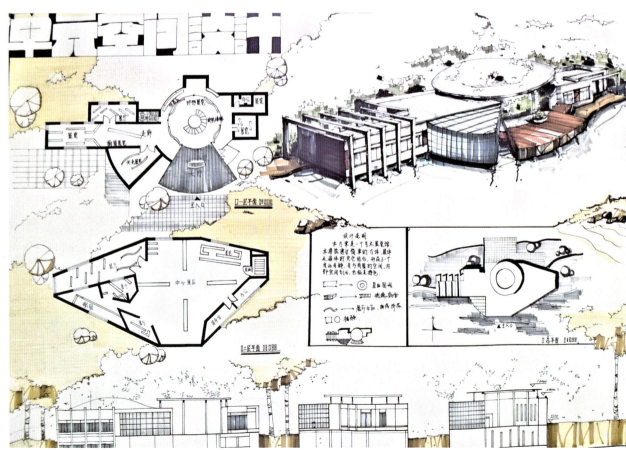

环艺设计作品系列

李杰　｜　李金顺　｜　李金顺

作者不详

南湖珠光無限泰山鴻影相隨

漢柏第一

书法作品系列　作者不详

书法作品系列　作者不详

书法作品系列　作者不详

篆刻　杨源

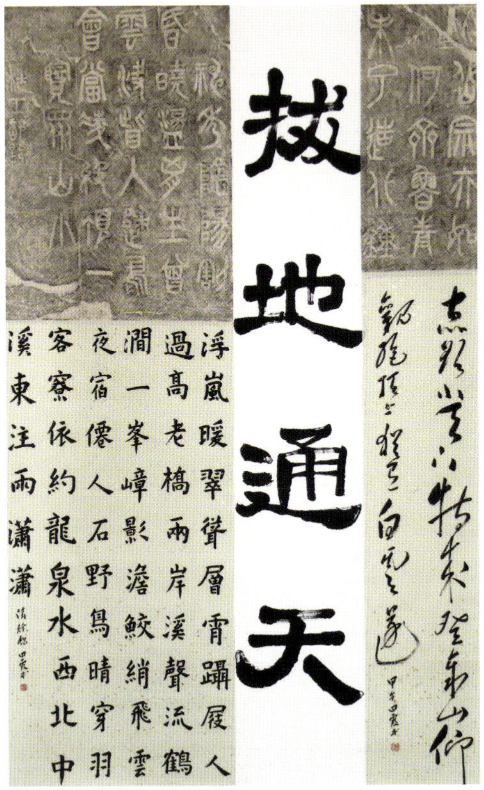

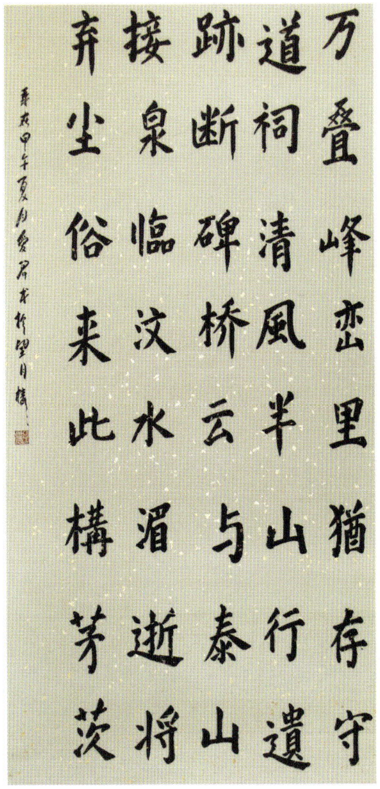

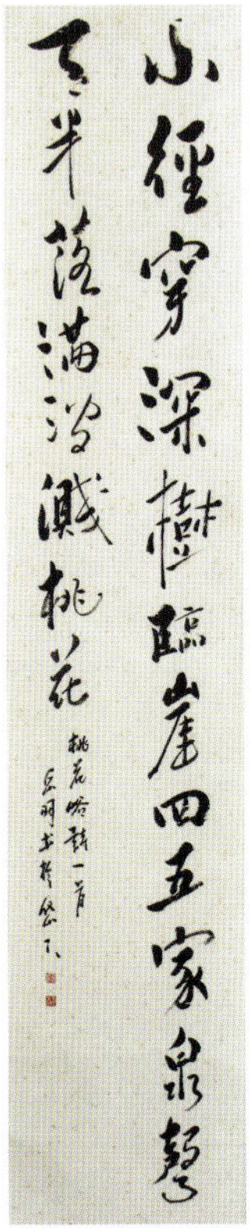

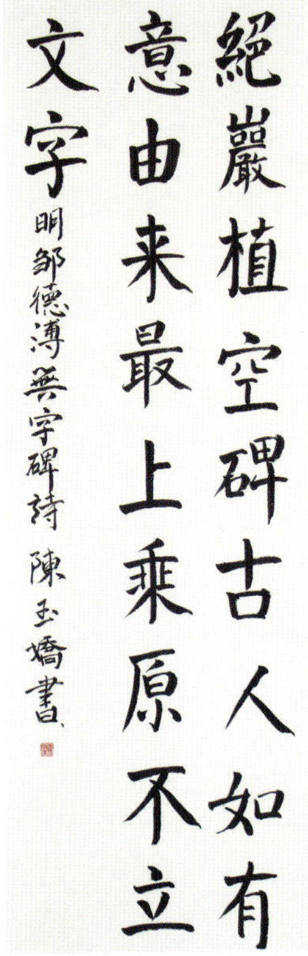

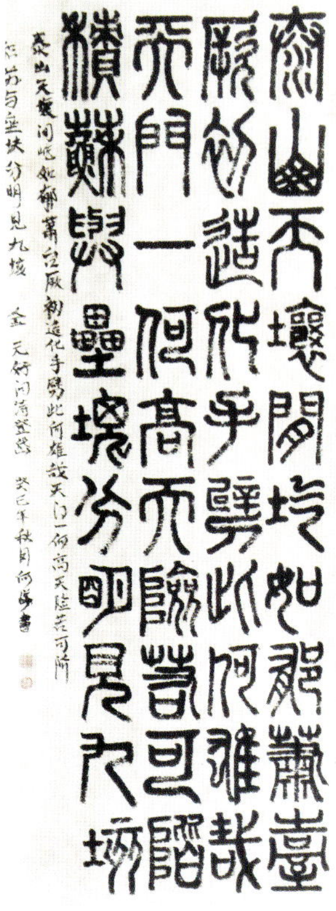

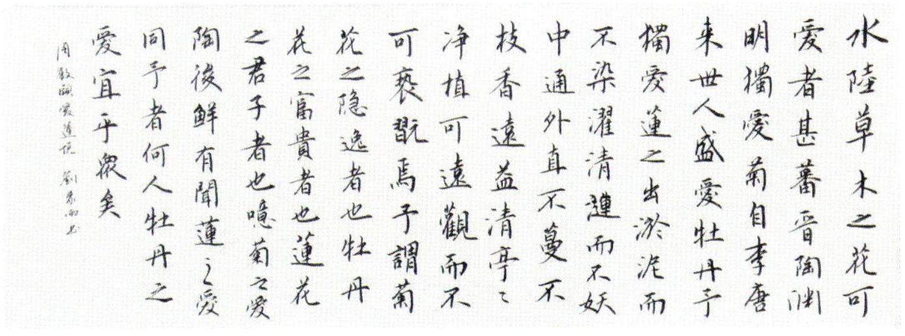

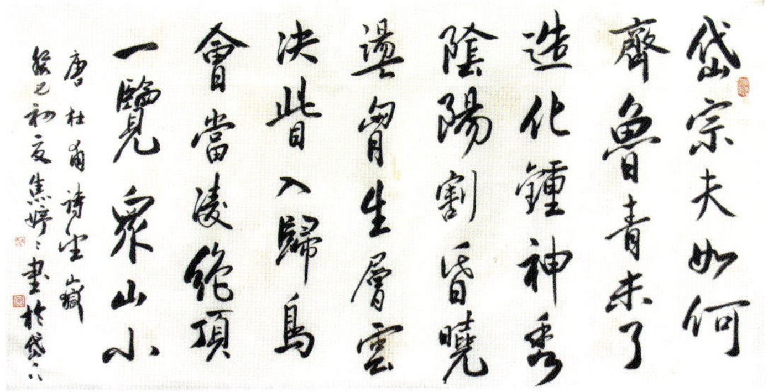

越地通天

万叠峰峦里　犹存守道祠　清风半山行　遗迹断碑桥　云与泰山接　泉临汶水湄　逝将构茅茨　弃尘俗来此

小径穿深树　临崖四五家　泉声半落满浴减桃花

绝巘植空碑　古人如有意　由来最上乘　原不立文字

齐山天发…

稳如泰山

杨源书

观书法名山　五岳独尊东岳泰　山登山壮怀天下大　姚金诗一首

水陆草木之花，可爱者甚蕃。晋陶渊明独爱菊；自李唐来，世人盛爱牡丹；予独爱莲之出淤泥而不染，濯清涟而不妖，中通外直，不蔓不枝，香远益清，亭亭净植，可远观而不可亵玩焉。予谓菊，花之隐逸者也；牡丹，花之富贵者也；莲，花之君子者也。噫！菊之爱，陶后鲜有闻；莲之爱，同予者何人？牡丹之爱，宜乎众矣。

岱宗夫如何　齐鲁青未了　造化钟神秀　阴阳割昏晓　荡胸生层云　决眦入归鸟　会当凌绝顶　一览众山小

80后哲学 张晓文	午夜园沙洲 冯晓芳
黑色时尚 王蕊	躯壳 孟德苗
	获奖作品发布会 作者不详

附录：教师简介

刘钢，1959年1月生，1982年2月毕业于山东师范大学美术系美术教育专业，获学士学位。2002年结业于首都师范大学美术学院研究生班，现任泰山学院美术学院院长、教授、硕士研究生导师。山东省教学名师，山东省"十二五"重点学科——泰山美术学带头人，山东省高校特色专业带头人，山东省美术家协会会员，泰安市美术家协会副主席，近几年共出版专著7部，发表专业论文15篇，参加各级美术作品展览60余次，主持省级科研课题三项，并多次获得国际、国家、省、市级专业奖项。

梁泰生，1962年4月生，1983年毕业于曲阜师范大学美术系，获学士学位。泰山学院副教授，全国美术教育协会会员，泰山书画艺术研究所副所长，泰山画院兼职画家，泰安美术家协会理事。书法绘画作品在日本、中国台湾展出。参加国家级和省重点课题三项，发表论文12篇，长期从事泰山石文化和泰山经石峪刻字的研究。

赵振山，1966年3月出生，山东莱州市人，中共党员，副教授。1986年7月毕业于泰安师专美术系并留校任教，后考入山东师范大学美术学院，本科学历。中国高等教育学会美育研究会会员。主要承担工笔人物、工笔花鸟、写意花鸟、毕业创作、素描、速写等课程的教学任务。绘画作品入选省、市级画展、期刊共20余件，共发表专业学术论文30余篇，其中在《中国美术教育》等核心期刊发表论文5篇。承担山东省"十一五"规划重点课题和省艺术重点课题研究共两项。2004年出版个人专著《线描人物写生》。

卢东，毕业于泰山学院美术系、天津美术学院国画系，现为中国美术家协会会员、国画教研室主任、泰山美术家协会副主席。1999年，作品入选第九届全国美展，作品《荷塘印迹》获中国文化部全国第八届"群星奖"美术作品展金奖。荣获全国第五届工笔画大展银奖，四次全国铜奖，三次优秀奖，获山东省首届中国画双年展金奖、建国50周年山东省美展金奖、山东省高等院校美术教师作品展金奖。出版《花鸟名家——卢东》等多本画册。

李天军，1974年生，山东新泰人，山东艺术学院硕士研究生，现为中国美术家协会会员、泰山学院美术学院副教授、泰安市美术家协会副秘书长。作品曾先后入选中国美术家协会展览12次，其中作品《鸡冠花》《富贵竹》入选中国美协第二十次新人新作展；作品《艳秋》获中国美协"泰山之尊"全国中国画作品展优秀奖；作品《金瓯太平》入选第十二届全国美展，并入选进京作品展；数次入选山东美协等展览并获奖。曾出版《李天军·工笔重彩画》等专著。

陈军，泰山学院美术学院副教授，1990年毕业于山东师范大学美术系国画专业，2002年入中国艺术研究院研究生课程班学习，师从龙瑞、陈绶祥。山东省美术家协会会员。2010年主持山东省文化厅重点艺术课题一项，论文《国画教学中的线》发表于《装饰》，该论文曾获得山东省教育厅一等奖、省文化厅艺术科学优秀成果二等奖。

韩玉禄，1965年生，号望月斋主人。1987年从山东艺术学院毕业，2008年毕业于中国艺术研究院研究生课程班首届山水画创作研究工作室。为中国画家画院范扬山水画课题组成员，山东美术家协会会员，山东画院画家、泰山学院副教授。多次在全国各地举办个人画展。多次参加全国及山东展并获奖。

王士生，1964年生，1986年毕业于山东艺术学院，结业于中国艺术研究院、中央美术学院中国画高研班、北京凤凰岭书院书画学精英班。现为中国美术家协会会员、中国画家协会常务理事、中国画院特聘画家、中国教育电视台艺术委员会委员、泰山学院美术学院副教授。

牛淑德，山东泰安人，1964年出生，现任教于泰山学院美术学院，书画教研室成员，讲师，从事书画教学研究。2009年写意花鸟画作品《紫气东来》被《泰山碧霞祠千年庆典全国书画名家精英集》收藏，2008年获山东省首届高校美术专业师生基本功比赛教师组素描类二等奖，2005年《论中国画线描艺术的写意与装饰性表现》和《彩墨画教学与创作琐议》两篇论文，分别发表在《泰山学院学报》第四期和《泰山学院学报》教育教学专辑上，写意花鸟画作品《秋硕》发表在1993年《山东教育》1、2期合刊上。

赵婉如，1969年2月生，曲阜师范大学本科毕业，结业于中国艺术研究院研究生课程班，主攻中国山水画。主持省文化厅重点课题两项，现为山东省美术家协会会员、山东省女书画家协会会员、泰安市女书画家协会理事。公开发表论文十余篇，国画作品数十篇，多幅作品参展并获奖。

安娜，曲阜师范大学美术学院本科毕业，获山东师范大学硕士学位。美术学院教师，主持省艺术重点课题两项，市社科联课题一项，发表论文及美术作品三十余篇。

刘宝水，1969年生，山东新泰人，1994年毕业于山东师范大学美术系，现任教于泰山学院美术学院，山东省美术家协会会员，主要从事中国画教学、创作与理论研究。国画作品参加省级以上展览，并有部分作品获奖。论文发表于《国画家》《美术向导》《美术大观》《艺术教育》等专业期刊；出版个人专著一部；主持省艺术科学重点课题两项。

宋艳丽，讲师，1979年生于山东临沂曹县。2001毕业于山东艺术学院并获学士学位，2009年毕业于浙江师范大学并获硕士学位。2008年作品《花布与猫》入选第七届西部大地情——中国画油画作品展；2009年作品《流年》入选第十一届全国美展（山东展区）；2009年作品《花雨》（与张禾合作）入选第十一届全国美展并获得获奖提名；2011年作品《清幽》入选八荒通神哈尔滨双年展；2011年作品《时光荏苒》入选第三届全国工笔山水展。

孙真，先后就读于山东工艺美术学院、西南大学，现代壁画与装饰艺术研究方向。主要担任多门基础课、构成课及泰山装饰壁画特色课程的教学。发表多篇论文，并主持省级艺术课题"泰山典故与民间传说在现代壁画中的表现研究"相关工作。

张清，1974年生人，毕业于山东师范大学艺术系，南京艺术学院中国画专业硕士，山东省美术家协会会员，齐鲁画派会员，泰山学院美术学院教师。作品《蒙山妹》《老歌》《思念》《乡音》等，先后入选省级美术展、山东省冶金系统美术、书法、摄影展银奖；《花季》获中国冶金画大展优秀奖；《丽人行》获当代工笔画大展优秀奖；参与创作的《千里鸟飞图》《梦回英格兰》被伦敦奥运会组委会收藏，《里亚切·千年相守》被意大利大希腊博物馆收藏。

霍明，1978年生，山东泰安人，2001年毕业于山东省艺术学院，获文学学士学位。2008年毕业于南京师范大学美术学院，师从盅梅冰教授，获文学硕士学位。现为泰山学院美术学院讲师，山东省油画学会会员。

包晓佳，1981年生人，2003年毕业于山东师范大学美术学专业，2010年获青岛大学纺织服装学院工程硕士学位，现为泰山学院美术学院讲师，主要从事服装设计与工程专业的教学工作。近年来发表多篇服装研究及教学论文；主持校级科研课题1项，参研省级科研课题1项、校级精品课程1门；参编纺织服装高等教育"十二五"规划教材1部；获泰安市社会科学优秀成果奖1项；获2011齐鲁大学生服装设计大赛优秀指导教师奖1项；山东省第三届高校美术与设计专业教师基本功比赛优秀奖1项。

刘东方，2012年毕业于山东师范大学，获硕士学位，山东美术家协会会员，山东女书画家协会会员。作品多次入选全国及全省美术专业展览。《纯真年代》入选"全国第八届工笔画展"并被收藏、《东岳庙会图》入选"全国线描艺术展"，《北山年会》入选《全国中国画展》并被收藏。《腊月上港集》获"泰山文艺奖美术作品"优秀奖；《山东新农村》入选省政府主办"山东重大历史题材工程创作"及"2011省艺术科学专项重点课题"。"山东工笔女画家创作研究"为省艺术科学重点课题。

梁晓如，1986年生、中国美术家协会会员，中央民族大学美术学院硕士，现为泰山学院美术学院教师。近年来致力于白描及工笔人物画的创作及研究，作品多次被美术刊物出版发表，并被各大美术机构收藏。2007年10月获宝钢教育基金、国家奖学金、OLAY女性创新与梦想基金；2010年5月，《苗家巧织图》获上海世博会中国美术作品展览优秀奖；2010年11月，《开market大吉图》参加全国首届现代工笔画大展并被收藏；2011年3月，《苗家巧织图》获纪念辛亥革命100周年全国中国画作品展金奖并被收藏。

李原，先后毕业于泰安师专美术系、曲阜师范大学美术系。现任泰山区美术家协会副主席、泰安市美术家协会理事、泰安市油画家协会监事、山东省美术家协会会员、泰山学院美术学院副教授。作品多次参加国内外美展并获奖，2013年在山东省高校师生技能比赛中获教师组银奖。

杨克仲，师从著名画家邱思鸿先生。毕业于泰安师专美术系、首都师范大学书法文化研究院硕士研究生课程班，得欧阳中石先生生态心指导。现为美术学院书画研究室主任，泰山学院书画研究所副所长、中国书法教育研究会会员、山东省书法家协会会员。1990年在北京举办"泰山书画展"，两幅作品捐赠给第十一届亚运会。

张银军，讲师、泰山学院美术学院教师，从事书法教学工作。教学经验丰富，教学中力图做到因材施教，深入浅出，注重根据学生的专业特点和知识结构进行教学、辅导。致力于传统书法创作与教学研究，时有作品发表或参展并获奖。多篇论文在省级刊物发表。参与编著《历史名人——文化精神与书法欣赏》《院校书法教程》。主持山东省教育科学"十一五"规划课题"对高师院校书法教育课程的建设研究"。

杨蔚群，潍坊寿光市人，1997年毕业于泰安师专，2007年毕业于山东艺术学院（全脱产本科）。曾任教于泰安艺术学校，现任泰山学院美术学院辅导员。美术作品《思》1999年入选山东省美展，《姊妹松》于2004年获泰安市美展二等奖。

吴禾，1982毕业于曲阜师范大学，山东美术家协会会员、中国美术教育研究会、泰山学院教授。获教育部"曾宪梓优秀教师奖""山东省精品课程""山东省教学能手""泰山学院教学名师"。出版著作一部，副主编教材三部；多次参加山东省美展并发表作品；在《美术》《文艺理论与批评》《山东社会科学》等数十个核心期刊发表文章；主持、参与国家级、省级课题5项。

目 录
Contents

内蒙古师范大学鸿德学院概况

内蒙古师范大学鸿德学院是由国家教育部正式批准（教发函[2008]149号）设立的本科层次的独立学院。2006年3月，经教育部批准筹建，2008年5月7日，经教育部批准正式成立，是内蒙古自治区仅有的两所独立学院之一。学生修满学分，颁发教育部统一印制的国家承认学历的内蒙古师范大学鸿德学院本科毕业证书；符合学士学位授予条件的，颁发内蒙古师范大学鸿德学院学位证书。

建校以来，学院始终坚持"一手抓发展，一手抓内涵建设""按本科大学标准办本科"的指导思想，狠抓学院基本建设与日常管理工作，多项工作取得了既快又好的发展。学院现设6个系，16个本科专业，涉及5大学科门类，截至2014年9月，在校本科生7165人。2010年，学院获得全国独立学院协会"全国先进独立学院"称号，2011年，获得全国民办教育协会民办高教专业委员会"中国民办高等教育优秀院校"称号。学院连续三届本科毕业生初次就业率达到97%以上，根据内蒙古自治区教育厅统计，居全区高校前列。

一、学院概况

学院位于呼和浩特市机场路29号，占地104.93万平方米，建筑面积22.74万平方米。拥有教学楼、宿舍楼、餐厅、运动场地及休闲场所，建有多个计算机机房、多媒体教室、舞蹈室、钢琴室等，开辟多家校内外实习实训基地，馆藏72万册图书。

学院现设有6个院系（外语系、管理系、人文系、艺术系、财会系、影视艺术分院），11个职能处室（学院办公室、教务处、学生处、总务处、财务室、人事室、外事办、团委、招生就业处、保卫处、图书馆）。建校以来，学院经过艰苦创业，实践探索，明确提出了"立校为公、执教报国"的办学理念。以邓小平理论和"三个代表"重要思想为指导，坚持社会主义办学方向，贯彻党的教育方针和民族政策，以本科教育为主，着力培养宽口径、厚基础、具有创新精神和实践能力的高素质人才。

二、学科与专业建设

学院依据学院人才培养定位与市场需求进行专业规划设置，目前设有16个本科专业，涉及5个学科。5个学科：文学、教育学、管理学、艺术学和工学；16个专业：英语、新闻学、学前教育、旅游管理、公共事业管理、工程管理、土木工程、美术学、艺术设计、环境设计、视觉传达设计、财务管理、会计学、广播电视编导、动画、摄影。

三、教学科研

学院在教学方面不断探究，形成了规范的管理制度，教学质量不断提高，摸索中形成了具有特色的教学模式。学院结合三本学生特点，根据"加强学生实用技能的培养，大量开设选修课"的指导思想，将人才培养目标定位为"学生既要有系统扎实的专业知识，又要有很强的专业技能，上岗就能上手"。经过几年的探索和实践，2012年调整修订了人才培养方案，方案中加大了实践课与选修课的比例，实践课与理论课的比例达到4：6，必修课和选修课比例调到5：5。这样的培养方式增强了学生适应社会的综合能力和素质，学院首届毕业生供不应求，赢得了良好的社会声誉。

学院2009年成立了科研工作促进委员会。2009—2010年，学院从独立学院教学与管理、系科建设、校园文化等不同角度积极争取到内蒙古自治区"十一五"科研项目8项。出台了《内蒙古师范大学鸿德学院科研成果奖励办法》，激发全院教职工的科研积极性，促进学院科研工作的开展。截至2011年底，学院教师在《内蒙古师范大学学报》发表80了余篇论文。

四、师资队伍建设

学院采取"引进来、送出去"的措施，将学院一部分优秀师资送出去深造，并鼓励年轻教师不断提高学历。在母体院校内蒙古师范大学的支持下，形成了老、中、青相结合的师资梯队，基本满足教育教学要求。每学期聘请的师资副高职称以上的占 35% 以上。

五、国际化办学

学院逐渐形成了开放式国际化办学特色，表现为教学形式国际化、师资队伍国际化、校园文化国际化。学院招聘的外籍教师来自英国、法国、美国、荷兰、加纳、南非、日本、菲律宾、希腊及喀麦隆等国家，成为自治区聘请外教最多的单位。学院与韩国、多哥、加纳、巴基斯坦等国家的 29 所学校建立了合作关系，陆续招收非洲留学生近百名。

2010 年开始，学院与巴基斯坦驻华大使馆前任大使马苏德·汗和现任大使马苏德·哈立德建立了良好的友谊关系。在马苏德·汗大使的协调和支持下，学院与巴基斯坦 5 所学校建立了合作交流关系。2011 年 8 月、2012 年 7 月、2013 年 8 月、2014 年 9 月，学院分四次派出 20 名师生前往巴基斯坦拉合尔阿奇森学院执教汉语，帮助该校建立汉语教学和考试体系。2013 年 10 月，现任马苏德·哈立德大使首次到校访问，并与学院签署了《合作备忘录》，将在校际交流、师生互访、筹建巴基斯坦研究中心等方面开展合作。

六、党建、思政与管理工作

2007 年，内蒙古师范大学党委成立鸿德学院

党总支，在党建方面提出 "举办让党和政府放心的高等教育" 的口号，并将党建工作列为学院长期工作的重点。学院提出了 "三个放心" "三个前列" 的党建工作指导思想，并通过改革创新理念和方法，积极探索党建工作新机制。

2009 年 10 月，经内蒙古师范大学党委批准，鸿德学院成立了分党委，这是全区高校中的第一个基层党委。学院党委现下设 11 个党支部，学院团建工作中的 "五大工程" 多次被媒体报道。2010 年，学院党委被内蒙古师范大学党委评为 "先进党委"；2011 年，学院党委被中共高等学校工作委员会评为 "先进基层党组织"；2012 年，学院党委被师大评为 "先进党委"。

内蒙古师范大学鸿德学院艺术系简介

艺术系是鸿德学院重点建设的系部之一，创建于 2008 年，内涵发展，创新跨越，以教育教学出人才、艺术研究出成果，创造了鸿德教育史上又一个辉煌。为繁荣民族艺术事业、推动自治区经济建设和社会进步做出了突出贡献。

全系现有在校生 836 人，下设艺术设计教研室、基础教研室，开办视觉传达设计、环境艺术设计、国画、油画 4 个专业方向，形成多层次、全方位的办学体制，是一个特色鲜明、办学水平较高的专业性系部。近年来，艺术系创新办学理念，明确办学思路，深化人才培养模式，依托各高校文化优势，确定了"彰显特色、强化优势、多元互动、和谐发展"的办学理念。教学、科研、创作、服务、交流功能并举，确定高水平、特色鲜明的教学研究型系部的发展目标。一方面，强化质量意识，深化教学改革，加大教学投入，注重实践教学，推动教育教学出人才、艺术研究出成果，取得了丰硕的成果。另一方面，积极倡导爱岗敬业、无私奉献、扎实苦干、勇于创新的精神，形成了尊重人才、尊重艺术、尊重知识的良好风气。

系内拥有近千平方米的专业展厅 3 个，专业教学工作室（艺术设计、皮艺、漆艺）3 个，设计机房 2 个，专业画室 20 间，建有专业实训基地 3 个，校企合作教学单位 17 家。专、兼职教师 30 余人，专职教师占 70%，教授 3 名，副教授 6 名，其中留日博士 1 名，留日硕士 1 名，留法硕士 1 名，留乌克兰硕士 1 名，留英硕士 1 名，留俄硕士 1 名。目前我系教师承担教研项目 5 个，参与编撰并出版教材 10 本，发表科研论文 97 篇，获得各类专业展赛奖项共 107 人次。

塞外艺苑春意正浓，北国草原桃李芬芳。艺术系这座承载着内蒙古艺术生命的神圣殿堂，将带领无数追随艺术真谛的朝圣者勉力前行、再创辉煌。

内蒙古师范大学鸿德学院艺术系
教师作品
（绘画）

多哥留学生　130cm×100cm　布尔古德

俄罗斯女青年　160cm×200cm
布尔古德

嬉戏　130cm×100cm　布尔古德

北堡风光　80cm×90cm　布尔古德

阳光灿烂的日子　200cm × 380cm　布尔古德

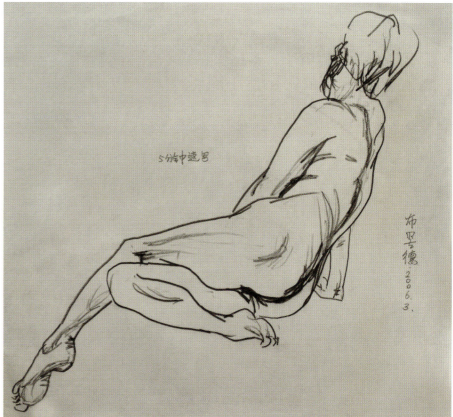

5分钟中速写

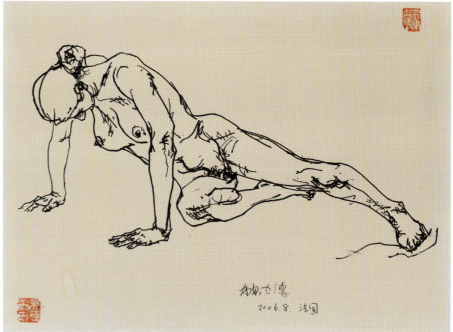

人体速写1　60cm×30cm　布尔古德

人体速写2　60cm×60cm　布尔古德

人体速写3　60cm×40cm　布尔古德

女人体 120cm×90cm 布尔古德

2006.5.
布尔古德.

人体速写　40cm×50cm　布尔古德

暖风　60cm×130cm　呼德日朝鲁

1267 年　120cm×120cm　呼德日朝鲁

村庄　30cm×30cm　呼德日朝鲁

半身像　70cm×88cm　呼德日朝鲁

敖鲁古雅——诉说　173cm×134cm
晨歌儿

暗香　68cm×135cm　晨歌儿

天上的风　265cm×195cm　晨歌儿

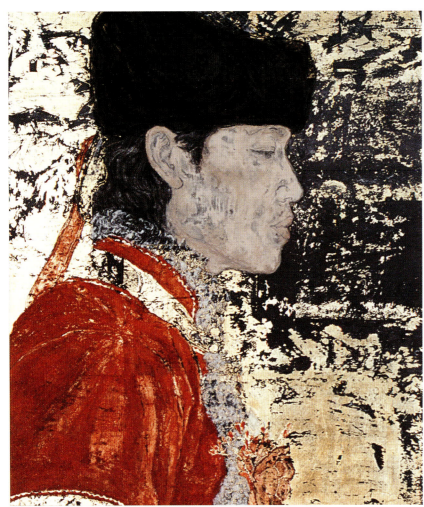

远方·一 44cm×52cm 晨歌儿 ｜ 远方·二 44cm×52cm 晨歌儿

日暮　227.3cm×162cm　额尔敦巴特尔

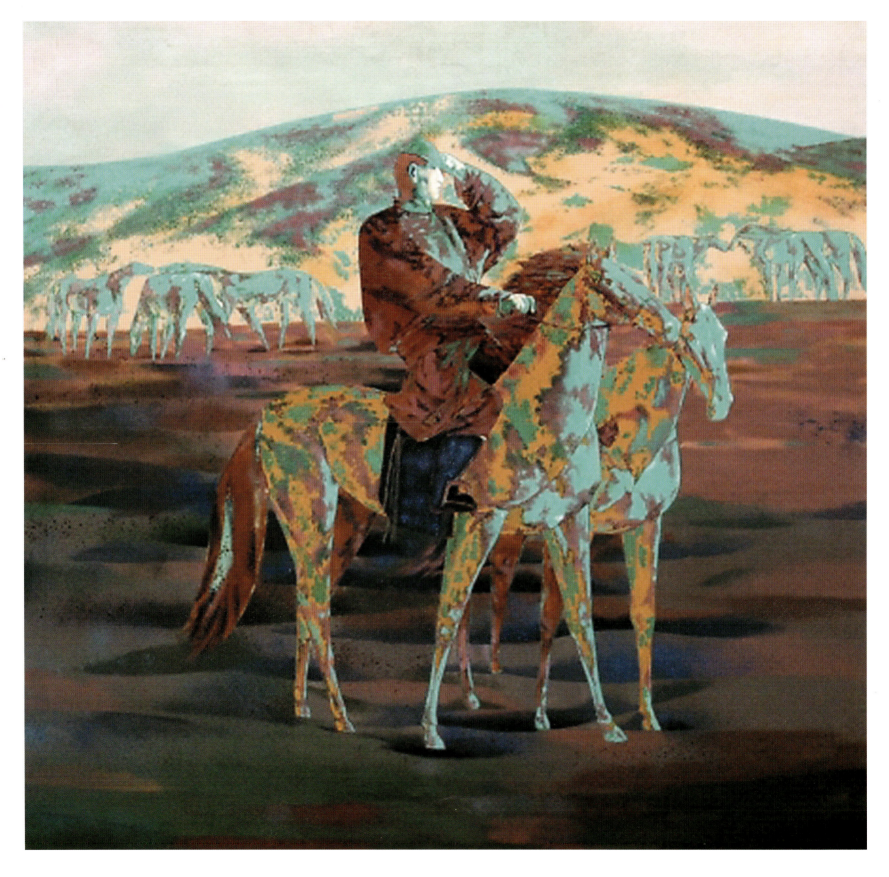

春　195cm×195cm　额尔敦巴特尔

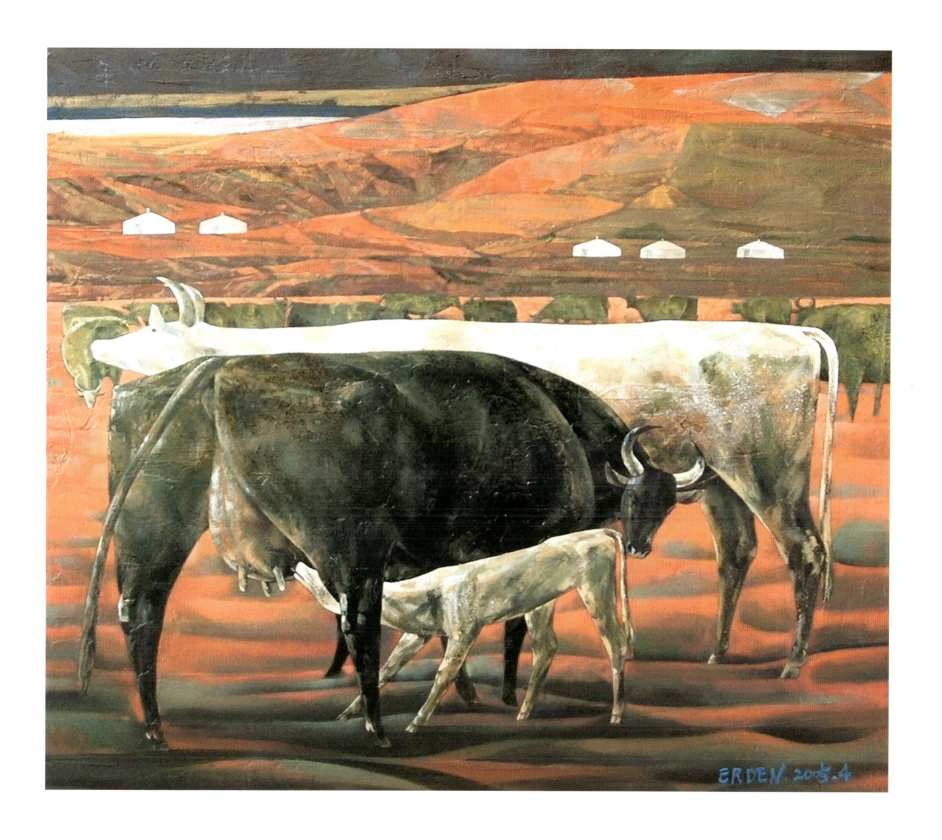

红色的旋律　53cm×45cm　额尔敦巴特尔

祥云　53cm×45cm　额尔敦巴特尔

同行　53cm×45cm　额尔敦巴特尔

有传说的土地 227.3cm×162cm 额尔敦巴特尔

斗艳　132cm×69cm　李星林

望晴空　120cm×60cm　李星林

寒山秋色　180cm×90cm　李星林

鸣　66cm×66cm　李星林

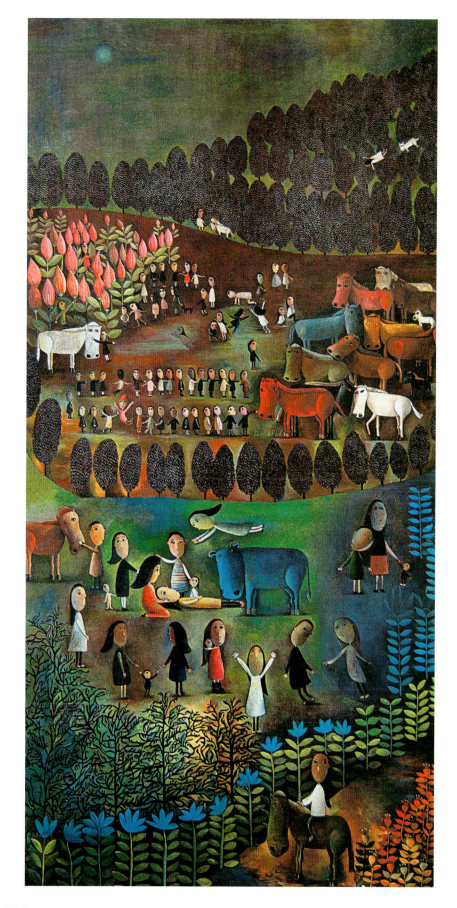

梦之歌二　180cm×90cm　王彤

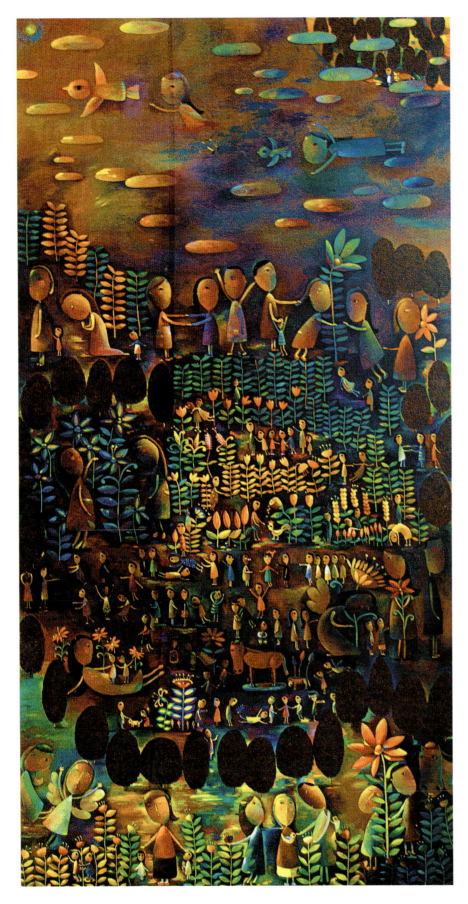

梦之歌四　180cm×90cm　王彤

童年的旋律　180cm×90cm　王彤

我们俩　25cm×25cm　王彤

静物　60cm×80cm　原晓婷

眸　180cm×180cm　原晓婷

倦　180cm×180cm　原晓婷

律动　90cm×170cm　原晓婷

国韵 2 丁大伟

国韵 1　丁大伟

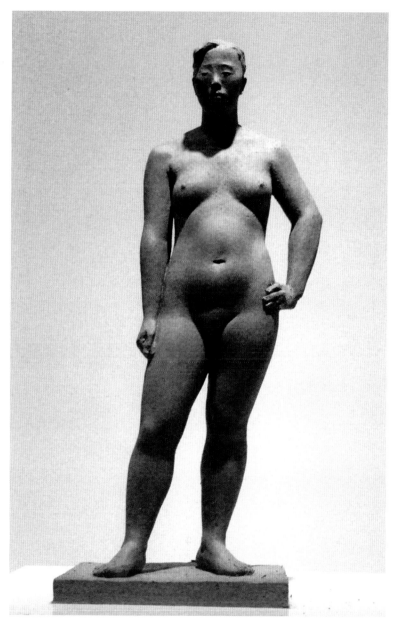 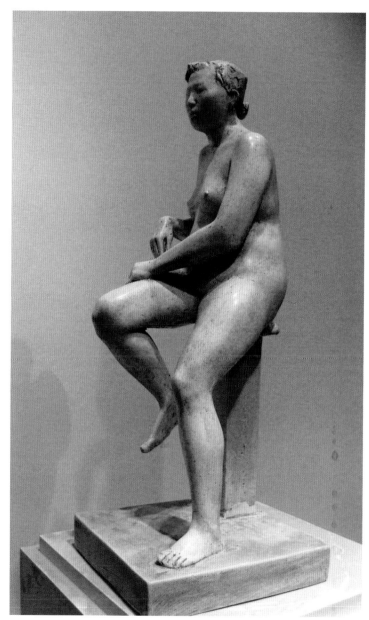

人体习作1 丁大伟 | 人体习作2 丁大伟

内蒙古师范大学鸿德学院艺术系

教师作品

（设计）

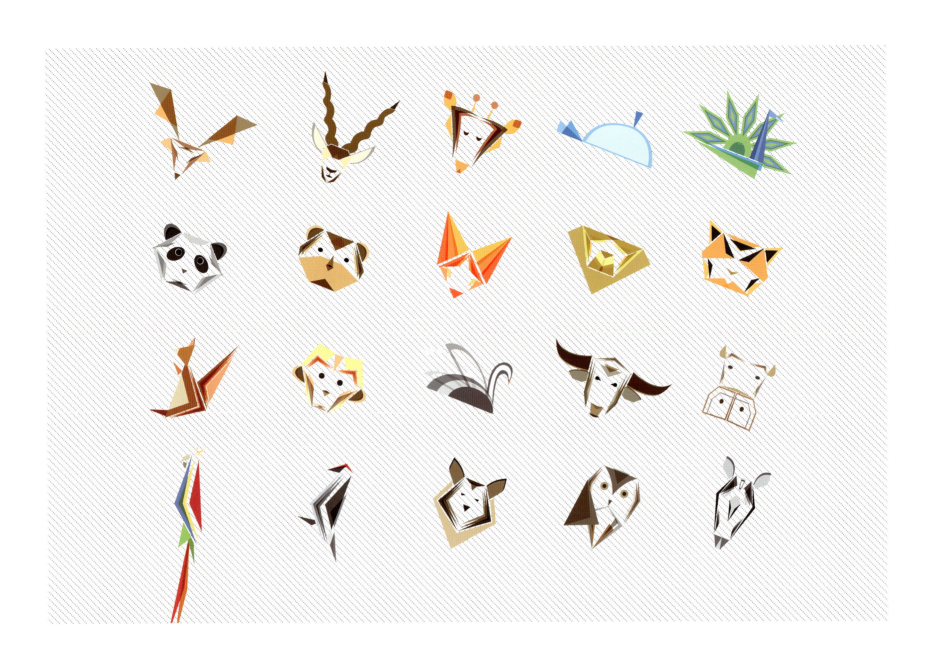

动物专题（图标设计）　白桦

大富翁80版（游戏界面设计）

全景母图 分镜头

白桦

TEMPLE OF CULTURE

Dazhao wuliang Temple

银/佛/寺/

空，不是空了没有的空，
不是空空洞洞的空。
空，不离开因果事物而有空，
空不是破坏因缘生法的，
空充满了革命性和积极性。
空，是大乘佛法的义理，
空代表了大乘佛法的精神。
不是佛陀的弟子，
固然不能了解到空理。

空　寺庙旅游文化推广　白桦

TEMPLE OF CULTURE

Dazhao wuliang Temple

银/佛/寺/

一修 银佛寺

修

"修"可谓致广大而尽精微，
从修心，到修身，到修言语，
都是人生的修行境界，毫末之端，
精勤打理，才能成为合抱之木。
一个"修"字，内涵之深广，言语难尽。
"物格而后知至，知至而后意诚，
意诚而后心正，心正而后身修，
身修而后家齐，家齐而后国治，
国治而后天下平。"

修 寺庙旅游文化推广 白桦

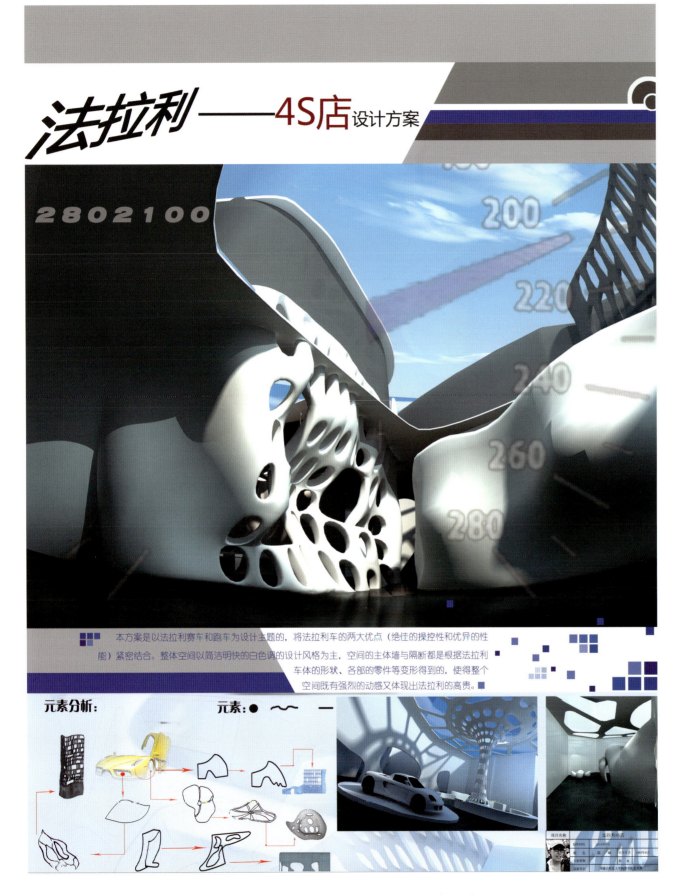

法拉利——4S店设计方案

2802100

本方案是以法拉利赛车和跑车为设计主题的，将法拉利车的两大优点（绝佳的操控性和优异的性能）紧密结合。整体空间以简洁明快的白色调的设计风格为主，空间的主体墙与隔断都是根据法拉利车体的形状、各部的零件等变形得到的，使得整个空间既有强烈的动感又体现出法拉利的高贵。

元素分析：   元素：● ～ 一

法拉利——4S 店设计方案 1 陈曦

法拉利——4S店设计方案

展厅高低错落、虚实结合，直与弯的墙体，仿佛无形中形成了一个个若隐若现的跑道，给人一种好奇之感……

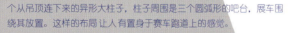

一进门的比较大的厅是完全开放性的，首先进入眼帘的是一个从吊顶连下来的异形大柱子，柱子周围是三个圆弧形的吧台，展车围绕其放置。这样的布局让人有置身于赛车跑道上的感觉。

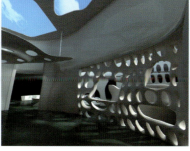

法拉利——4S店设计方案2　陈曦

宁静·安逸·致远

设计说明

本案的设计风格为简约欧式，营造典雅、自然、高贵的气质和浪漫的情调是本案的主题。简约、质朴的设计风格是众多人群所喜爱的，生活在繁杂多变的世界里已是烦扰不休，而简单、自然的生活空间却能让人身心舒畅，感到宁静和安逸。借着室内空间的解构和重组，便可以满足我们对悠然自得的生活的向往和追求，让我们在纷扰的现实生活中找到平衡，缔造出一个令人心弛神往的写意空间。

平面图

客厅

项目名称	宁静·安逸·致远		
创作时间	二零一二年八月		
姓　名	陈曦	出生年月	1983.12
专业职称		职　务	
送展单位	内师大学鸿德学院艺术系		

宁静·安逸·致远　陈曦

阿发纳西耶夫剧院1　呼和

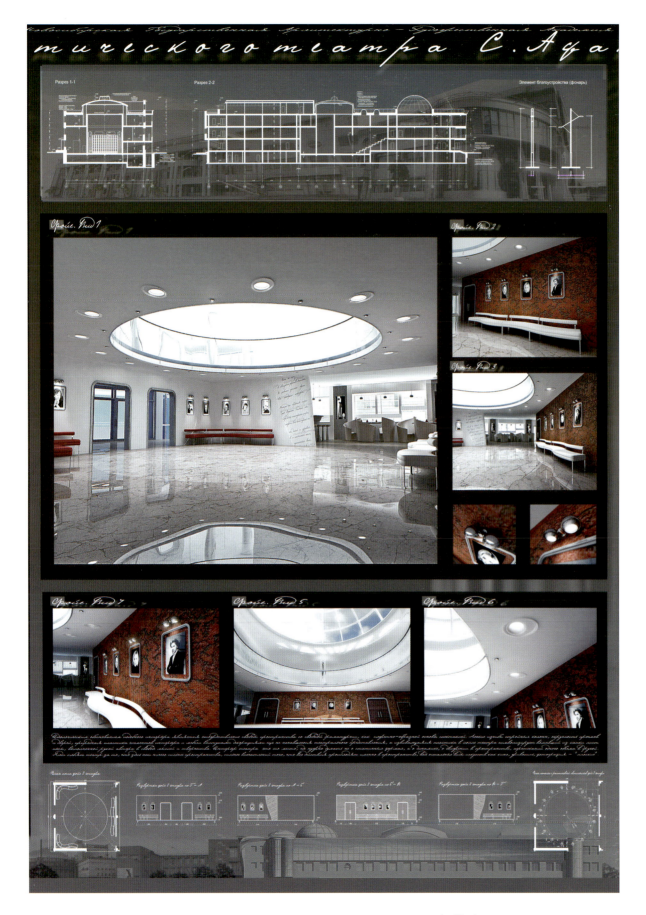

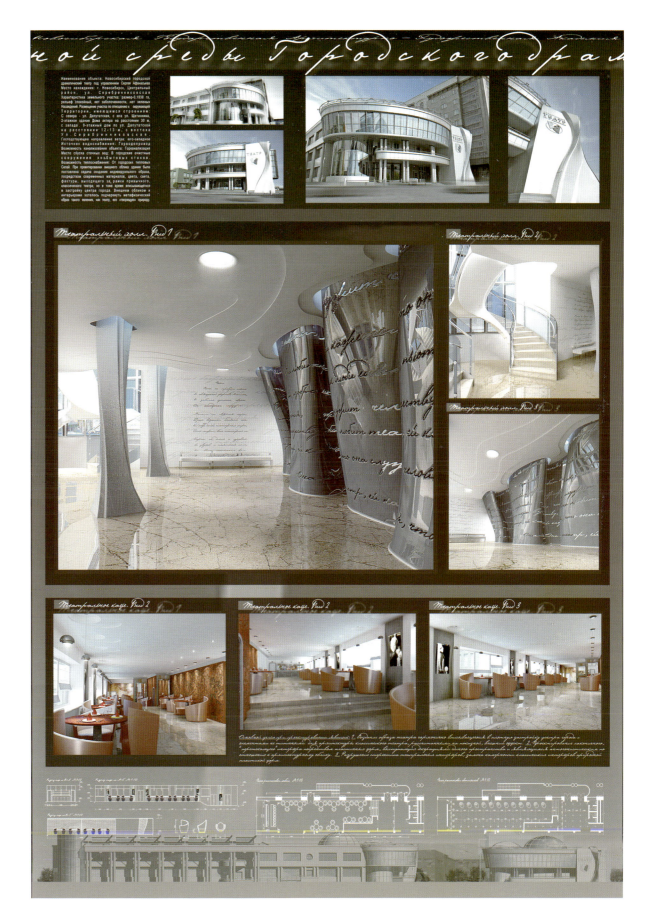

阿发纳西耶夫剧院 2　呼和

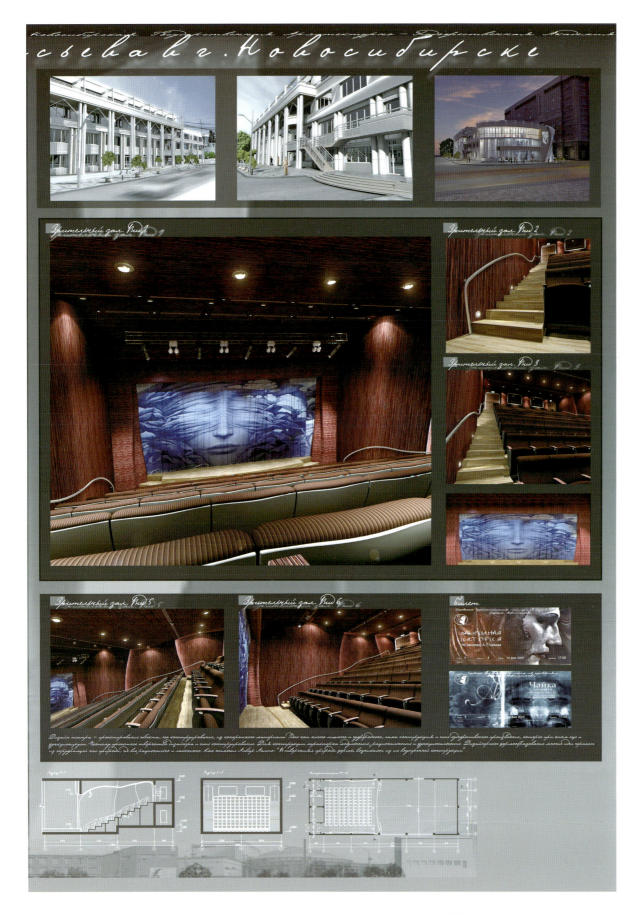

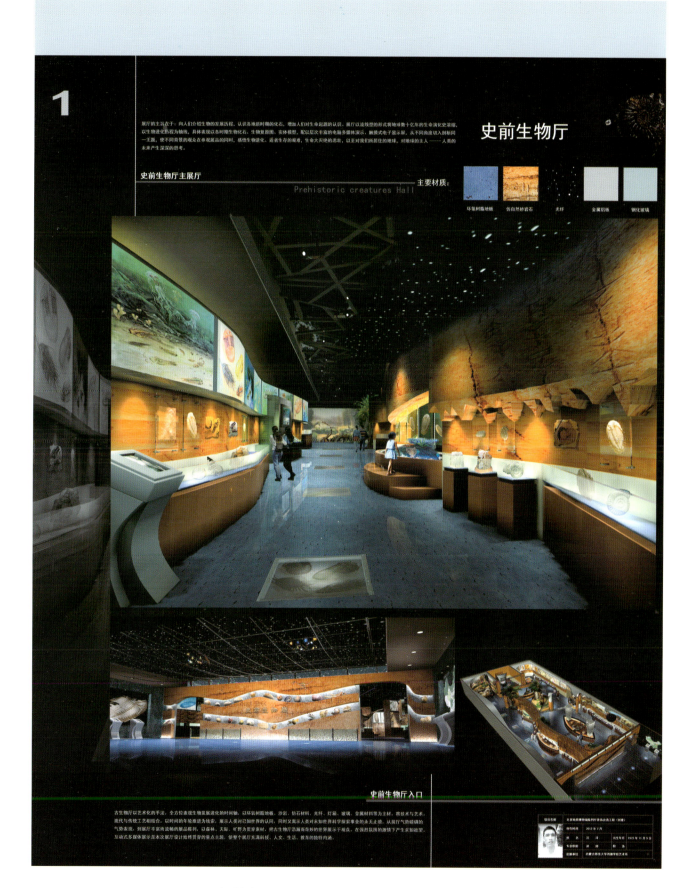

史前生物厅

1

展厅的主旨在于：向人们介绍生物的发展历程，认识各地质时期的化石，增加人们对生命起源的认识。展厅以流线型的形式将地球数十亿年的生命演化史浓缩，以生物进化历程为轴线，具体表现以各时期生物化石、生物复原图、实体模型，配以层次丰富的电脑多媒体演示、触摸式电子显示屏，从不同角度切入剖析同一主题，使不同背景的观众在参观展品的同时，感性生物进化、适者生存的残酷，生命大灾变的悲壮，以至对我们所居住的地球，对地球的主人——人类的未来产生深深的思考。

史前生物厅主展厅

Prehistoric creatures Hall

主要材质：

环氧树脂地板　　仿自然砂岩石　　光纤　　金属铝板　　钢化玻璃

史前生物厅入口

古生物厅以艺术化的手法，全方位表现生物发展进化的时间轴，以环氧树脂地板、沙岩、仿石材料、光纤、灯箱、玻璃、金属材料等为主材，将技术与艺术、现代与传统工艺相结合，以时间的车轮推进为线索，展示人类对已知世界的认识，同时又寓示人类对未知世界科学探索事业的永无止境。从前厅气势磅礴的气势表现，到展厅丰富而流畅的展品陈列，以森林、天际、旷野为背景素材，把古生物厅浩瀚奇妙的史前展示于观众，在强烈强烈的激情下产生未知欲望。互动式多媒体展示是本次展厅设计始终贯穿的重点主题，使整个展厅充满科技、人文、生活、普青的独特内涵。

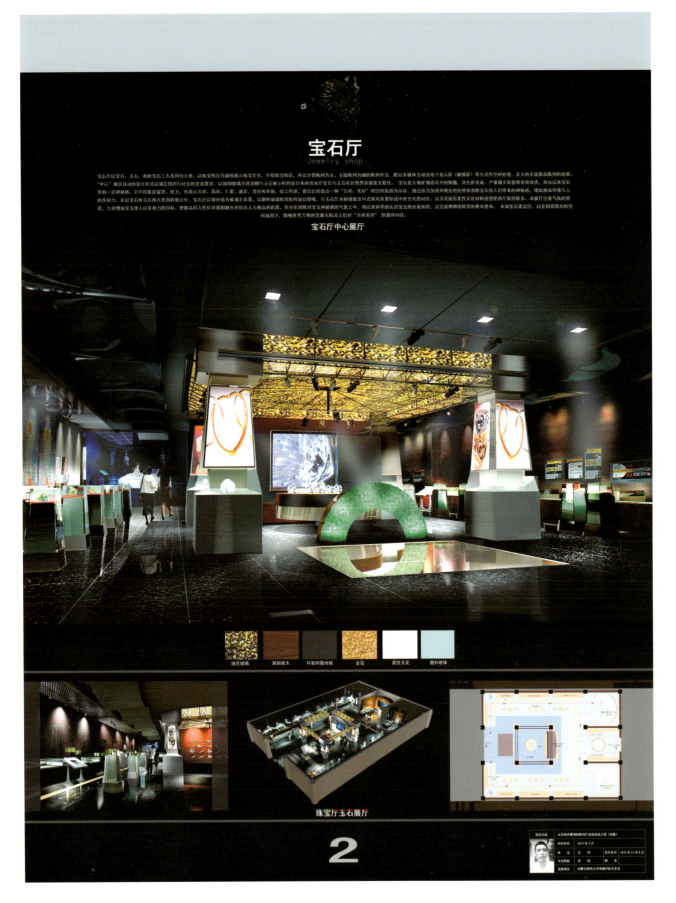

宝石厅
Jewelry shop

宝石厅以宝石、玉石，有机宝石三大系列为主线，以珠宝档次为副线展示珠宝文化，介绍珠宝知识，并以分部陈列为主，主题陈列为辅的陈列手法，配以多媒体互动及电子显示屏（触摸屏）等方式作空间处理，及大的丰富展品陈列的效果。"中心"展区活动的设计形式以满足馆内与社会的交流需求。以饰制玻璃为天花顶棚与玉石展示柜的设计来体现本厅宝石与玉石在自然界的紧密关联性。宝石是大地矿物彩石中的精髓，其色彩美丽，产量稀少而显得非常珍贵，自古以来宝石带有一定神秘感，它不仅象征富贵、权力，也表示吉祥、高尚、仁爱、诚实，美好和幸福，综上所述，摆出以创造出一种"吉祥、美好"的空间氛围为宗旨，通过适当加强环境光的处理来消除宝石给人们带来的神秘感，增加展品环境与人的亲和力。在宝石和玉石两大类别的展示中，宝石厅以镶钻城为墙壁背景，以磨砂玻璃软风格样加以隐喻，与玉石厅木制墙面及中式屏风背景形成中西文化的对比。以天花弧形柔性天花材料造型使两厅取得联系。本展厅注重气氛的营造，力求增加宝玉给人以亲和力的目标，把展品同人性化环境相融合而投近人与展品的距离，充分在消除对宝玉神秘感的气氛之中，得以更科学的认识宝玉的全面知识，以完成博物馆科学的教育使命。未知宝石鉴定区，以金铂而图合的空间氛围下，隐喻世界万物的浩瀚无际及人们对"吉祥美好"的最终向往。

宝石厅中心展厅

珠宝厅玉石展厅

2

北京地质博物馆改造方案 2　汪洋

陈列馆

图书馆

培训中心

1. 重视整体设计，追求合理布局，有效利用土地；
2. 重视室内外环境质量，建造"花园式单位"；
3. 重视整体设计中的国际化、人性化、时代感及文化精神内涵。
4. 重视团体协调优势，创造优秀的设计成果。

规划设计的指导思想：
重视整体设计，处理好与城市发展大环境的有机联系，内部力求合理布局，有效利用土地和空间。规划与住宅建筑设计紧密联系，细致考虑办公与生活，提高室内外环境质量，建造一个"花园式单位"，创造一个舒适、安全、方便、卫生的优美办公及生活环境。整体体现国际化、人性化与时代感及文化内涵。在项目工作程序上运用专题研究和方案设计相结合的方式发挥团体组织协调的优势，使整个项目问题研究的深度和广度有别于一般的设计成果。

总平面图

国家广电总局五七三台规划设计

LANDSCAPE DESIGN

总体鸟瞰效果图

平面布局两个组团，一个中心。规划根据性质和不同功能，区内可划分行政办公组团、生活住宿组团、培训基地中心（综合楼）。把握整体色调（灰、白、浅灰蓝）根据用地规模，划分两个组团和一个中心区。各区分明确，格局简洁，规模适中。

573

GuangDianZongJuZhengTiGuiHua

总平面图

LANDSCAPE
DESIGN

五七三台生活区规划是以人文为基点的，注重文化氛围的营造以及场所精神的空间环境，弘扬人的精神面貌。大片草地立体绿化、建筑小品和草地中铺设园林小道相称；喷泉水池的设计更能满足人类的亲水性的心理需求。生活区的照明讲究环境艺术效果，灯饰的布置和造型的选择，强调烘托环境气氛，并巧妙与喷泉水景、观赏树木、建筑小品以及各种功能场所的协调和配合，大片草坪配置高低的草坪灯，亲切宜人，喷水池内置灯的点缀，增加植物景观色彩和空间层次感，体现了功能性和艺术性。

交通流线控制图

别墅区效果图一

别墅区效果图二

职工宿舍楼效果图

国家广电总局五七三台规划设计

生活区

以灰色调为主的建筑外观，局部点以"跳"色。整体统一协调。屋顶绿化成了这一区域的另一道风景。提供一个宜人的生活环境。具体说明：建筑风格定位：员工宿舍楼在设计中遵循"简洁、明快"的风格；别墅区在设计过程中遵循"轻盈、光亮"与新型材料、工艺相结合。着力打造建筑造型、色彩。以达到审美要求，整体造型既具有现代精神含韵。

别墅区

在生活区中有其相当的重要作用，在整体规划中考虑到把它作为居住空间的独特性，在整个区域内形成较为封闭的地域。为了多层次多角度的把居住空间多彩多姿的特性加以展现，我们把整个区域内的地形加以不同的标高划分。以假山、景壁、高树、绿化、季节性观赏植物等组织出多种层次。把别墅"存放"于花园之中。别墅建筑的形式从整体规划风格的趋势考虑，追求"轻盈、光亮"。用新型材料、新工艺演译后现代主义简约风格，着力打造建筑造型，色彩以符合时代的精神内涵。把水韵引入在别墅区内成为明景剧视点。以水、景、树、道路把别墅加以虚拟连接，把水引入室内空间，诠释自然对人的关怀理念。垂钓区作为对别墅区的补充配套设施，完善了文娱活动的功能需求，别墅区作为整个台区的重要部分，将充分展示花园式单位的风格面貌。

职工宿舍楼效果图一

职工宿舍楼效果图二

职工宿舍楼效果图三

项目名称	国家广电总局五七三台规划设计（别墅类）		
制作时间	2013年11月		
姓名	汪洋	出生年月	1970年11月
专业职称	讲师	职务	教师
送展单位	内蒙古师范大学鸿德学院艺术系		

国家广电总局五七三台规划方案2 汪洋

接待厅　杨剑

大宴会厅 1　杨剑

大宴会厅 2　杨剑

沙盘洽谈　杨剑

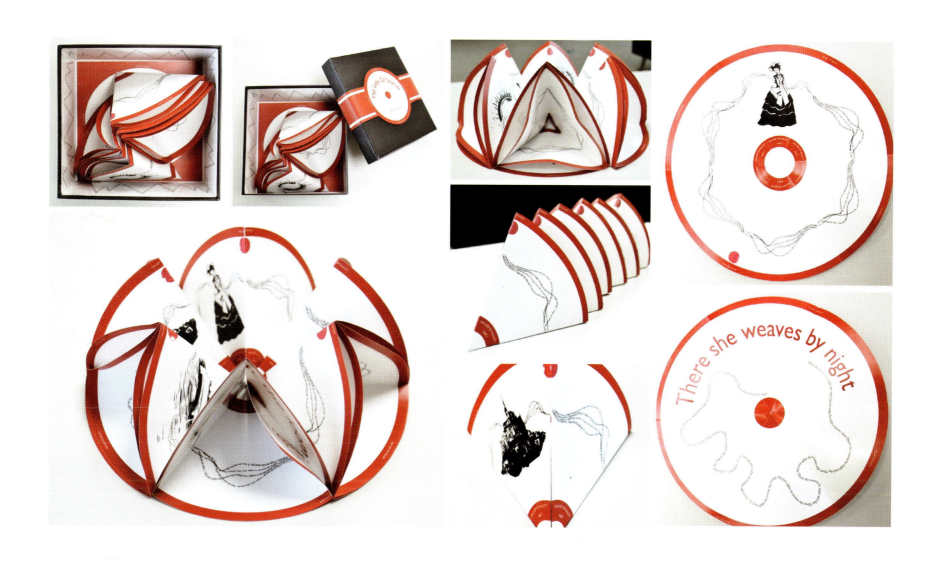

"女郎夏洛特"（The Lady of Shalott）版面设计。该项目是根据诗歌重新进行排版，目的是吸引新的人群。诗集对于年轻人来说会显得有些枯燥乏味，但是当它成为一种礼物的时候，或许更能够体现它本身的美。

张茹

附录：教师简介

布尔古德，1967年10月13日出生于北京、副教授、硕士生导师、中国室内装饰协会会员、中国美术家内蒙古分会会员、内蒙摄影家协会会员、内蒙古室内装饰协会常务理事、内蒙古师范大学鸿德学院艺术系主任。
1992年毕业于西北民族学院国画专业，获学士学位。于2004—2008年在法国北部省会城市里尔市国立图尔宽高等造型艺术学院学习深造，先后获得学士、硕士学位。2005年法国布洛尼大学"另一眼神"联展，作品《远望》获优异奖；2007年参加里尔市商务厅画廊"中国梦"联展，作品《城市人物》系列获得一等奖。
同年、在法国巴黎"蓬皮杜"现代艺术展中担任法国著名现代艺术家皮埃尔·波迪助教。
2008年作品《草原》入选法国呼拜市政府举办的"当代中国"艺术展，获优秀奖。
2008年为里尔市的著名中国酒店和平饭店创作大型油画《奔马》《山清水秀》两幅作品。
2008年创作的巨幅油画《城市人物》系列四幅作品被法国国市政厅收藏并陈列。
2011年作品《大寒》被鄂尔多斯博物馆收藏。2011年作品在首届全国高校美术设计大赛中获二等奖，2012年油画作品在喜迎十八大暨庆祝内蒙古自治区成立65周年自治区美展中获三等奖，2013年获得中国室内装饰协会评出的中国室内设计教育贡献奖，2013年油画作品在第二届内蒙古自治区小幅油画作品展览中获优秀奖、2013年作品在"今日草原"内蒙古绘画作品展上获优秀奖。

白桦，蒙古族、1984年出生。2007年毕业于内蒙古师范大学美术学院，获双学士学位（艺术设计、新闻学），现任内蒙古师范大学鸿德学院艺术系艺术设计教研室主任。参与编写《环境小品》《园林工程》《SketchUp+TArch建模基础教程》教材并已出版使用；作品《纪念乌兰夫诞辰一百周年主题展览》获得首届全国高校美术、设计大奖赛二等奖；设计作品《触发青春》获全国高校美育成果展评教师组一等奖。

呼德日朝鲁，1983出生、蒙古族、2006年毕业于白俄罗斯维捷布斯克国立大学美术系油画专业，获硕士学位。
2005年在维捷布斯克洲嘎日都克市参加风景油画作品展。
2006年在维捷布斯克国立大学美术系举办个人速写展。
2006年在维捷布斯克国立大学美术系参加三人油画展。
2006年油画《梦》荣获白俄罗斯维捷布斯克青年国际艺术节二等奖。
2009年作品《路》《秋》入选第二届内蒙古自治区写生美术作品展。
2010年油画作品《颂吉》入选"美术大观杯"全国美术教师艺术作品并获得优秀奖。

陈曦，1983年12月出生、汉族。2005年毕业于内蒙古师范大学国际现代设计艺术学院室内设计专业，获文学学士学位，任职于内蒙古师范大学鸿德学院艺术系环境艺术设计专业教师。
2012年荣获内蒙古师范大学鸿德学院"十佳教师"称号。
2013年作品《餐厅设计》获绚丽年华第六届全国高校美育成果展评教师组二等奖。
2014年作品《法拉利——4S店设计方案》获内蒙古第八届室内设计双年展三等奖。

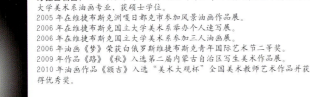

晨歌儿，蒙古族、1983年生于内蒙古通辽市科左后旗，内蒙古美术家协会会员。
2006年毕业于内蒙古大学艺术学院中国画专业，获学士学位；2011年毕业于鲁迅美术学院艺术文化研究中心中国人物画工作室，师从赵奇，获硕士学位。2012年工笔人物作品《暗香》获内蒙古自治区第三届写生作品展览优秀奖。2013年写生作品《村口》获绚丽年华第六届全国美育成果展评教师组特等奖。2013年水墨人物作品《晴》入选今日草原——内蒙古美术作品展览。2014年工笔人物作品《救鲁古雅——诉说》入选庆祝中华人民共和国成立65周年内蒙古自治区美术作品展览。

丁大伟，1982出生，2008年毕业于内蒙古大学艺术学院，获双学位（雕塑专业、工商管理专业）。现任教于内蒙古师范大学鸿德学院艺术系。作品《国风》系列2008年入选"蓝色空间"北京人文奥运主题雕塑展，并被内蒙古大学艺术学院艺术设计系留校收藏。2014年参加内蒙古第三届以"马"为主题雕塑展。

张茹，1989年出生、蒙古族。
2010—2014年赴英国留学。2012年毕业于大连工业大学平面设计（视觉传达）专业、获得学士学位。同年毕业于英国南安普敦大学平面设计专业，获得学士学位。2014年毕业于英国南安普敦大学平面与视觉传达设计专业，获得硕士学位。2013年8月于大连工业大学国际教育学院任职。2014年8月于内蒙古师范大学鸿德学院艺术系任教。

额尔敦巴特尔，1973年出生于内蒙古扎鲁特旗。1993年毕业于内蒙古师范大学美术系油画专业（学士学位），2003年毕业于日本东京艺术大学美术研究科油画专业（硕士学位），2000年4月—2014年5月赴日留学，并以艺术家身份居住日本。2014年7月任职于内蒙古师范大学鸿德学院艺术系、任基础教研室主任。